삶의 자세와 방법에 대한 담론
허상과 실상에 관하여

청담서원

■ 책머리에

이 책은 중국 황산(黃山)에서 수행중인 한 구도자의 초월적 능력, 높은 정신계, 남다른 지혜 등을 소재로 삶의 바른 이치를 탐구해 가는 대화록 형식의 글이다.
한중수교 초기 중국 체류 시 체험했던 기록들을 재구성, 정리한 것이다.
사실이라 믿어도 좋고, 허구라 여겨도 무방하다.
어떤 말과 글이든 전후 이치에 어긋남이 없는 경우 그것이 곧 참말이고 진리일 것이기 때문이다.
내용을 잘 새기고 실행한다면 삶의 제반 문제들을 해결함에 있어 적잖은 도움이 될 것이다. 특히 인간존재의 본질에 관한 의문, 삶의 가치관 정립 문제 등으로 고민하는 젊은이들에게 일독을 권한다.

2025년 정초 김문경

◆ **목차**

프롤로그 • 09

[제1부]
허상에 대한 사유와 집착 • 10

여정의 시작 _ 중국 황산(黃山)

경이로움 _ 헛되고 속된 것에 대한 동경

우연과 인연 _ 고인(高人)과의 조우

단세암(斷世庵) _ 세상과의 절연

내력 _ 평범함 속에 깃든 비범함

정신계 _ 심신을 깃털처럼 가볍게

관상 _ 형상이 곧 실상

수련 _ 무심과 자연심

기운과 기력 _ 인간에게 잠재된 자연에너지

조형법(鳥形法) _ 새처럼 자유롭게

집념 _ 정신과 노력의 집중

인간의 한계 _ 미약한 신체여건

예지력 _ 기미를 알아차리는 감각

자아 _ 의식의 깨임

[제2부]
존재의 본질에 대한 의문과 해답 • 49

의문 _ 원초적 물음

신적 존재 _ 신령의 세계

이치 _ 있음과 없음의 개념

방편설 _ 허황된 이야기

실상 _ 알지만 말할 수 없는

영적 현상 _ 자연원리에 대한 바른 인식

고라니 _ 인간과 형상만 다른 생명체

점술(占術) _ 틀리지 않으면 맞는 것

주역(周易) _ 근거 없는 논리

어리석음 _ 똑똑한 바보들

도(道) _ 사람이 가야할 길

우주 _ 영(零)과 무(無)의 개념

깨달음 _ 최상의 논리에 대한 자각

진리 _ 만인이 공감할 수 있는 이치

선택 _ 힘겨운 마음의 결정

[제3부]
삶의 방법에 대한 철학과 지혜 • 126

송림 _ 낙락한 삶의 자태

방도의 모색 _ 현실적 대안

가치의 인식 _ 값진 것 그리고 귀한 것

근원 _ 마음의 뿌리

자비심 _ 사랑의 마음

본질 _ 허무와의 대면

결심 _ 마음의 매듭

해답의 정리 _ 풀기 힘든 숙제

부처 _ 넘을 수 없는 경계

마음 _ 사념의 발원지

[제4부]
세상 이치에 대한 인식과 이해 • 182

물질과 정신 _ 생존의 필수요건

앎 _ 참지식의 의미와 효용

처신 _ 스스로의 양심에 따라

시비 _ 선과 악, 옳고 그름의 기준

죄 _ 수많은 죄목들

인격 _ 끝없는 수련과 자기성찰

하산 _ 정상에서 얻은 교훈

회귀 _ 다시 원점으로

자문자답 _ 나의 정체성

에필로그

[제1부]
허상에 대한 사유와 집착

프롤로그

사람이 살다보면 아주 우연한 기회에, 우연히 누군가를 만나 큰 깨우침을 얻거나 심지어 자신의 운명까지 바뀌는 그런 일들을 주위에서 가끔 보게 되고 겪게 된다.

나 역시 30대 초반 그야말로 아주 우연한 기회에 어느 한 사람을 만나게 되었고, 그로 인해 내 삶의 의식과 자세가 크게 변화하는 경험을 하였다.

내가 만났던 이는 중국 최고 명산이라 불리는 황산(黃山)에 은거하고 있던 한 기인(奇人)이었다.

혹자는 기인이라 하면 우선 괴상한 차림새와 유별난 언행 등으로 주변의 이목이나 끌려하는 유치한 속인(俗人)의 부류를 연상하게 될 것이고, 또 그에 관한 과장된 얘기 따위에는 진작부터 식상해 하고 흥미를 잃어버릴 수 있을 것이다. 하지만 그런 흔하고 속된 부류에 대한 얘기가 아니다.

지금부터 소개하는 내용은 당시 내가 직접 보고 겪었으면서도 수십 년이 지난 오늘날까지 나 자신조차 사실로 믿기 어려운 한 인간의 초월적 능력과 높은 정신계(精神界)에 대한 이야기다.◎

여정의 시작
_ 중국 황산(黃山)

한중 수교 직후 국내 기업들에 중국시장 진출 붐이 일었던 1990년대 초 여름, 서울에서 조그만 회사를 경영하고 있던 나는 모 경제단체에서 주관한 중국 산업시찰단의 일원으로 생전 처음 중국을 방문하게 되었다.

함께 간 일행들은 주로 중국시장 진출에 관심을 가지고 있는 국내 중소기업경영자들로 총 인원은 20여 명, 시찰기간은 보름 정도였다. 주요 일정은 상해와 청도, 심양 지역의 투자환경 조사와 공장 견학 그리고 북경과 만리장성, 황산 등의 명소를 관광하는 것으로 짜여 있었다.

중국 여행 5일째 되던 날, 1차 시찰 일정을 마친 우리 일행은 유네스코 세계자연유산이자 중국 최고 명산이라 불리는 황산을 관광하게 되었다.

70개가 넘는 산봉우리로 이루어져 주요 절경을 대략 둘러보는데만도 며칠이 걸릴 정도라는 황산은 처처의 기암괴석과 기송(奇松), 운해(雲海), 폭포 등 그 비경은 가히 수려했으며 산세 또한 웅대하기 그지없었다.

우리 일행은 황산 중턱까지 차량으로 이동, 케이블카를 타고 정상을 오르게 되었고, 정상에선 많은 인원이 단체로 몰려다니는 것이 불편했던 관계로 각자 자유롭게 경관을 둘러보다가 케이블카 승강장에서 다시 집결키로 하였다.

내가 그를 우연히 만나게 된 것은 산 정상에서 서쪽으로 난 협곡로를 따라 한참 걸어 들어갔을 때였다.
그 쪽은 관광객들이 별로 없는 한산한 길이었고, 나는 구름에 휩싸인 산 아래 쪽 절경을 황홀감에 빠져 내려다보고 있었다.
바로 그때였다.
나는 무슨 헛것을 본 게 아닌가 하는 의구심이 들 정도로 실로 놀라운 장면을 목격하게 되었다.
눈을 부라리고 산 아래를 다시 내려다 봤다. 그러나 역시 도저히 믿을 수 없는 장면이 내 눈앞에서 생생히 펼쳐지고 있었다.

경이로움
_ 헛되고 속된 것에 대한 동경

그것은 분명 사람의 모습이었다.
조금 과장 섞인 표현을 한다면 사람이 마치 새처럼 날아다니고 있었다.
정상 아래에는 짙게 드리운 운무를 뚫고 봉봉이 솟아오른 수십여 개의 기암괴석과 절벽들이 있었는데, 바로 그 암석 사이를 어느 한 사람이 자유자재로 뛰어다니고 있는 광경을 목격했던 것이다.
암석과 암석 사이의 거리는 최소 10~20미터 정도는 충분히 됨직한 거리였고, 아래로는 그야말로 깎아지른 듯한 낭떠러지라 실로 위험하기 짝이 없었음에도 그는 그 곳을 너무도 쉽고 자연스러운

동작으로 거의 날아다니고 있었다.

참으로 어릴 때 읽었던 무협지 같은 데에서나 나올 법한, 도저히 믿을 수 없는 장면이었다.

특히 평소 인간의 초능력 같은 것을 신뢰하지 않았던 나에게 그러한 장면은 너무도 경이롭고 충격적인 것이었다. 내 두 눈으로 직접 보고 또 보고, 몇 번이고 다시 보았으면서도 나는 도저히 이를 사실로 받아들일 수 없었다.

나는 거의 숨조차 제대로 못 쉰 채 한참 동안 그 장면을 넋이 나간 듯 바라보고 있었다.

얼마를 지나자 이윽고 동작을 멈춘 그는 마치 운동을 마치고 난 사람처럼 잠시 서서 호흡을 가다듬더니 이내 산 정상을 향해 다시 올라오기 시작했다. 역시 높은 절벽과 암석들을 별 힘도 들이지 않고 훌쩍훌쩍 뛰어넘고 날아오르면서.

그런데 공교롭게도 그가 올라오고 있는 방향은 바로 내가 산 아래를 내려다보고 서 있는 그 지점이었다.

나는 흥분했다. '넓고 넓은 중국 땅에는 기인이사(奇人異士)들이 많다더니 오늘 내가 드디어 어떤 초능력을 갖춘 도인(道人)과 직접 만나게 되는구나' 하는 설렘과 호기심으로 가슴이 마구 쿵쾅거렸다. 또한 '혹시라도 저런 도인에게 인간 한계를 초월하는 어떤 신비한 초능력 같은 것을 배울 수만 있다면 세상에 부럽고 무서울 게 무엇이겠는가?' 하는 지극히 속된 생각까지 순간적으로 머릿속을 스쳐갔다.

잠시 후 그가 산 정상의 협곡로를 따라 쳐 놓은 굵은 밧줄을 붙잡고 나와 불과 몇 미터 옆쪽으로 훌쩍 뛰어오르는 것이 보였다.

나는 비로소 그의 복장과 생김새를 아주 가까운 곳에서 대략 살필 수 있었다.

나이는 50세 남짓 되어 보이는 동양인 남자로, 생김새는 어느 저자거리에서나 흔히 볼 수 있는 지극히 평범한 인상이었다. 복장 역시 트레이닝복 비슷한 헐렁하고 편한 옷차림이었다.

어디를 봐도 보통 사람들과 다른 비범한 구석이라고는 전혀 찾아볼 수 없었고, 아무리 생각해봐도 그가 방금 전까지 그 깎아지른 듯한 암벽과 암벽사이를 자유자재로 넘나들던 사람이라고는 볼 수 없었다.

다만, 굳이 남들과 다른 면을 찾으려든다면 그의 눈빛과 얼굴표정이었다. 그의 눈빛은 서양인들처럼 약간 푸른빛을 띠었으며, 얼굴표정 역시 하도 무표정해서 마치 석상(石像)을 보고 있는 것 같았다.

우연과 인연
_ 고인(高人)과의 조우

산 정상에 당도한 그가 이내 다시 내 반대편 길을 따라 휘적휘적 걸어가고 있는 것을 발견한 나는 그의 뒤를 급히 따라가기 시작했다. 그런데 불과 몇십 미터쯤 갔을까? 갑자기 그가 좁은 협곡로를 벗어나 풀숲이 우거진 쪽으로 불쑥 들어가 버리는 것이었다.

나는 잠시 당황했다.

만일 이대로 그를 계속 따라간다면 나는 마치 까닭 없이 그를 미행하거나 뒤쫓는 형국이 될 것이기 때문이었다.

나는 잠시 망설이다가 일단 그에게 무슨 말이든 말을 건네야겠다는 결심을 했다.

그런데 생김새를 보아하니 중국인인 것 같은데 중국말을 제대로 할 줄 알아야 뭐라고 불러도 부르고 물어도 물어 볼게 아닌가? 그렇다고 영어로 '헬로!' 하고 부를 수도 없고, 난감한 노릇이었다.

나는 일단 중국에 오기 전 참고삼아 몇 마디 익혀 둔 간단한 인사말 등을 동원하여 그에게 아무 말이나 건네 보기로 했다.

"웨이, 샤오덩이샤!"

말이 되는지 안 되는지도 모르면서 나는 우선 급한 김에 그를 향해 아무렇게나 소리를 질렀다.

그런데 그는 내가 지르는 소리를 못 들은 듯 여전히 산 아래쪽으로 휘적휘적 걸어 내려가고 있었다. 나는 혹시라도 그를 놓칠까 안달이 나서 그가 들어간 숲 쪽으로 황급히 쫓아 내려가며 다시 한번 같은 중국어로 그에게 소리를 쳤다. 그러나 역시 반응이 없긴 마찬가지였고, 어느 새 그와 나와의 거리는 상당히 벌어지게 되었다.

나는 당황했다. 만일 이대로 그를 놓치고 만다면 나는 내 두 눈으로 직접 목격한 그 신비하고도 불가사의한 인간능력과 현상들에 대해 평생 심한 궁금증을 안고 살게 될 터였다. 그리고 무엇보다 저런 놀라운 능력을 지닌 기인을 만나 비록 어떤 초능력 같은 것은 배우지 못할지언정 잠시 무슨 대화라도 나누고 싶었던 바람이 일순 무위로 돌아가 버릴 것만 같은 아쉬움에 이내 초조해지고 불안해지기 시작했다.

순간 나는 엉겁결에 그를 향해 다시 한번 크게 소리를 질렀다.

"여보세요. 잠깐만요!"

순전히 급한 김에 나는 한국말로 크게 소리를 친 것이다.

그런데 그가 문득 걸음을 멈춰서며 뒤를 힐끗 돌아보는 게 아닌가?

그리고 잠시 동안 나를 물끄러미 바라보더니 '당신 한국에서 왔소?' 하고 또렷한 한국어로 말하는 것이었다.

나는 깜짝 놀라 '고인(高人)께서는 한국 분이십니까?' 하고 묻자, 그는 예의 그 무표정한 얼굴로 나를 또 한참 바라보더니 내 물음에는 여전히 대답을 않은 채 '왜 나를 불렀소?' 하고 덤덤한 말투로 되묻는 것이었다.

"저, 그저 고인과 잠시나마 말씀을 좀 나누었으면 해서……."

내가 다소 당황하기도 하고 머쓱하기도 하여 말끝을 흐리자 그는 잠시 생각에 잠기는듯 하더니 이윽고 '그럼 따라오시오'라고 말하는 것이었다.

나는 순간 '휴!' 하는 안도의 한숨이 마음속에서 절로 새어나옴을 느꼈다.

그러자 함께 온 일행들에 대해 생각이 미친 나는 그를 향해 '예서 잠시만 기다려 주시면 일행들에게 먼저 하산하라는 말을 전해 주고 오겠다.'는 양해를 구했고, 그는 또 다행히 이를 승낙했다.

내 삶에 있어 그리고 내 앎과 정신계에 있어 매우 큰 영향을 미쳤던 그 고인(高人), 기인(奇人)과의 첫 만남은 이렇게 시작되었다.

단세암(斷世庵)
_ 세상과의 절연

나는 일단 케이블카 승강장으로 되돌아가 일행의 가이드에게 '갑자기 긴한 사정이 생겨 그러니 혹 내가 늦더라도 기다리지 말고 먼저 호텔로 내려가라'는 말을 전했다. 또한 '남은 시찰일정에 합류치 못하게 되더라도 나는 따로 귀국하면 되니 그리 알라'는 말까지 아예 덧붙여 전했다.
당시 산업시찰이란 명분의 여행이란 대저 그렇듯이 어차피 비용도 참가자들이 각자 부담한 것이고, 나는 또 중국이란 나라를 그저 관광 차 한번 둘러 볼 생각으로 겸사겸사 참가한 것이라 굳이 모든 일정을 일행과 함께하지 않아도 별 문제가 되지 않는 터였다.
그리고 무엇보다 난 이미 산업시찰이고 뭐고 그런 것 따위는 거의 안중에도 없었고, 내심 어떻게든 그 기인을 따라가 무언가 긴한 대화를 나누고, 가능하다면 또 무엇인가 특별한 것을 배워보고 싶다는 욕망에 사로잡혀 마음이 마치 고무풍선처럼 부풀어 있었던 것이다.
이후 내가 그를 따라 간 곳은 황산에서 북해(北海)라 불리는 서북쪽 방향 산기슭의 조그만 암자였다[황산에는 예부터 운해(雲海)

가 유명해 사람들은 그 방향에 따라 남해, 서해, 북해로 불렀다].
그가 손수 흙벽돌을 찍어 지었다는 그 암자는 워낙 험준한 지형과 우거진 삼림에 가려져 가까이 가지 않으면 외부에서는 전혀 보이지 않았다. 그의 말에 따르면 황산의 규모는 워낙 넓고 넓어 그처럼 산 속 곳곳에 은거하며 수련을 하는 기인이사들이 제법 있다고 했다.
암자 입구에 들어서자 처마 안쪽에는 〈斷世庵〉이라고 초서체로 멋지게 휘갈겨 쓴 약 한발 정도 크기의 목각현판이 눈에 띄었고, 마당에는 마치 노루를 닮은 듯한 커다란 개 두 마리가 달려 나와 그를 반겼다(나중에 알게 되었지만 이는 개가 아니라, 그가 어린 새끼일 때부터 길들여 기르고 있던 황산의 고라니였다).
담장 밑으로는 자그마한 키의 무슨 약초 같은 풀들이 한창 어우러져 꽃을 피우고 있었는데 그 향기가 마치 우리나라의 쑥 냄새와 흡사했다.
암자는 방이 두 개였고, 그가 기거하는 방안은 아주 정갈하고 단출했다.
방 윗목에는 오랫동안 사용해 반들반들 닳아 윤이 나는 박달나무 책상 하나가 달랑 놓여있고, 그 위에는 중국어 고서 몇 권과 지필묵이 가지런히 정리되어 있을 뿐 살림살이에 필요한 다른 가재도구는 거의 찾아볼 수가 없었다.
다만, 한 가지 특이한 점이 있다면 사방 벽이 흰 종이로 도배되어 있었는데 군데군데 붓으로 검은 점들을 찍어 놓아 마치 옛 천문도를 보는 듯 했다.

아무튼 나는 이 날부터 근 일주일 동안을 그와 암자에서 함께 지내며, 그를 통해 참으로 많은 것들을 듣고 배우게 되었다.

내력
_평범함 속에 깃든 비범함

그는 막상 만나 이야기를 나눠보니 처음의 무표정했던 인상과는 달리 의외로 재미있고 말수 또한 많은 사람이었다. 내 짐작엔 하도 오랫동안 산중에서 홀로 생활하다보니 말벗도 그립고 또 적막하고 외롭기도 해서 그런 듯 했다. 그는 때로 내가 묻지 않은 말을 먼저 길게 얘기하기도 했으며 가벼운 우스개 소리나 농담 또한 아주 잘했다.

그와 나는 대략의 수인사와 소개말을 서로 나누었다.

그는 일제강점기 독립운동을 하던 조선인 후예로 본명은 이춘달(李春達), 당시 나이는 63세라 했다. 하지만 실제로는 50대 초반으로 밖에 보이지 않을 정도로 아주 건장하고 젊게 보였다.

한국말 또한 품격 있게 잘 구사했으며, 나중에 안 것이었지만 그는 우주과학, 종교학, 본초학, 역학(易學) 등은 물론 시문(詩文)에도 능했다.

그의 말에 따르면 선친께서 생전 시문에 조예가 깊어 옛 집안에는 각국 시인들의 서책이 넘쳐났었다고 했다. 그리고 1930년대 초 중국 간도(間島)에서 태어난 그는 부모를 일찍 여의게 되자 20대 초반 황산으로 들어와 40년 가까이 줄곧 혼자 생활해왔다고 했다.
그는 산 속에서 살면서도 며칠에 한 번씩은 저자거리에 내려가 사람들과 접하는 관계로 세상 돌아가는 물정에 대해서도 어느 정도 소상히 알고 있는 편이었다.
또한 그는 하루에 서너 시간 정도 잠을 잤는데, 잠을 잘 때는 눕지 않고 반드시 앉아서 자며, 음식은 갈근(葛根) 즉, 칡뿌리를 말려 빻은 가루에 몇 가지 채소와 약초를 섞어 하루에 아침 한 끼만 먹는다고 했다. 그리고 나머지 시간은 주로 약재채취와 기공(氣功) 수련 등으로 보낸다고 했다.
그와 이런저런 얘기를 나누는 사이 어느덧 해가 뉘엿뉘엿 지고 있었다.
그는 나에게 '시장할 테니 마시라'며 큼직한 찻잔에다 그가 주식으로 먹는 칡가루를 한 잔 가득 타 주었다.
난 사실 마음이 하도 들떠있어 배고픈 줄은 몰랐으나 산중도인들이 먹는 음식은 어떤 맛인가 싶어 받아 마셔봤다. 마치 미숫가루처럼 고소한 맛도 나고 또 인삼차처럼 약간 씁싸름한 맛도 나는 것이 그런대로 먹을만 했다.
방문 앞에 놓인 조그만 툇마루에 걸터앉아 그와 한참 얘기를 나누던 나는 마침내 그를 뒤 따라 올 때부터 마음속으로 줄곧 묻고 싶었던 얘기를 물어보기로 했다.
실은 무엇보다 가장 궁금한 질문이었으나 일면 나의 속되고 유치한 호기심을 너무 빨리 드러내 보이고 싶지 않아 참고 참았던 질문이었다.

"선생님. 제가 아까 우연히 보았는데, 선생님께서는 어떻게 하여 그 암석꼭대기를 그렇듯 자유자재로 넘나드실 수 있었던 것인지요?"
내가 조심스레 묻자 그는 잠시 나를 물끄러미 바라보더니 약간 퉁명스럽고 핀잔 섞인 투로 되물었다.
"그것이 그리도 궁금했소?"
"예. 사실 전 너무 놀랐습니다. 그건 도저히 사람의 능력으론 불가능한 일 같아서……."
"하하하!"
내 말이 채 끝나기도 전에 그는 갑자기 아주 재미있다는 듯 크게 웃었다.

정신계
_ 심신을 깃털처럼 가볍게

"이보시오. 젊은 양반. 그게 뭐 그리 대단한 일이오? 난 그저 잠시 운동을 한 것뿐인데……."
웃음을 그친 그가 전혀 대수로울 것 없는 일이라는 듯 한마디 했다.
"하지만 그것은 보통 사람들로선 전혀 상상도 할 수 없는 놀라운 초능력이 아니겠습니까?"
나는 그의 다소 진지하지 않은 듯한 대답에 다시 한번 정색을 하고 되물었다.

"허허, 거참. 그까짓 바위 몇 개 뛰어넘는 경공술(輕功術) 정도가 뭐 그리 대단하다고……. 내가 볼 땐 세상 사람들이 두뇌와 손기술로 자동차를 만들어 타고 도로를 씽씽 내달리거나 비행기 또는 선박으로 세상 곳곳을 자유롭게 누비고 다니는 것이 진짜 초능력이라면 초능력인 것이오. 내가 운동 삼아 하는 그 정도 잔재주는 나름의 방법과 요령을 터득해 오래 동안 심신을 수련하면 누구나 다 가능한 일이오."
그의 말투로 봐서는 단지, 겸손의 뜻에서 하는 말만 같지 않았다.
"선생님 말씀처럼 정말 누구나 수련만 하면 공중을 마음대로 뛰어다니는 그런 놀라운 능력을 지닐 수 있는 것입니까? 그럼 그 수련법은 어떻게 하는 것입니까?"
나는 마침내 속되고 유치한 호기심이 마구 발동하기 시작해 재촉하듯 그에게 다시 물었다.
"심신을 깃털처럼 가볍게 하면 되오. 그러면 세상 어느 곳이나 날아다니듯 자유롭게 움직일 수 있게 되는 법이오."
그가 한마디 툭 던지듯 하는 대답을 듣자 나는 잠시 아연해졌다. 어찌 들으면 장난스런 대답 같기도 하고 또 어찌 들으면 실로 놀라운 진리를 담고 있는 말 같기도 하였다. 그야말로 선문답, 재치문답, 우문현답이란 바로 이런 예를 두고 하는 말이 아닌가 싶기도 했다.
나는 내친김에 심신을 깃털처럼 가볍게 하려면 구체적으로 어떻게 해야 되는지에 대해 물어보고도 싶었지만, 아직은 그런 세세한 것까지 질문할 단계가 아닌 것 같아 뒤로 미루었다.

내가 다시 물었다.

"그럼 저와 같은 사람도 오랜 훈련만 하면 가능한 것인가요? 가능하다면 저도 다른 것 다 그만두고 선생님과 같은 능력을 배우고 싶습니다만……."

"그런 것 배워 뭐하게?"

그가 갑자기 퉁명스레 내뱉는 말에 난 순간 정곡을 찔린 듯 뜨끔했다.

하긴, 나 자신이 생각해봐도 사실 그랬다.

내가 설령 하던 일들을 다 그만두고 몇 년 또는 몇십 년 수련을 하여 그에게 암벽이나 뛰어넘는 재주를 배운다한들 그것을 대체 어디에 쓰고, 그것으로 무엇을 할 수 있을 것인가? 기껏 해봐야 남들한테 자랑을 하거나, 세상의 이목을 끄는 속된 짓 정도밖엔 더 할 것이 없을 터였다.

내가 조금 머쓱해져 대답을 못하고 있자 그가 다시 말을 이었다.

"이봐요. 젊은이. 세상에서 진짜 대단하고 놀라운 것은 젊은이가 목격한 나의 그런 쓸모없는 잔재주가 아니라 바로 현대인들이 연구해 내는 과학기술이오. 내가 평생을 수련하여 얻은 능력이란 고작 산 속에서 바위나 몇 개 뛰어넘는 정도의 그야말로 참새만도 못한 재주가 거의 전부지만 그것이 나 자신에게나 세상 사람들에게 무슨 큰 도움이 되겠소? 단지, 나 혼자 그저 건강관리와 일상생활을 하는 데에 다소 필요하고 편리한 것일 뿐 그 외엔 결국 아무것도 아닌 것이오. 그러나 세상 사람들은 끊임없이 새로운 과학기술을 연구해 온갖 신기하고 놀라운 기기와 장치들을 수도 없이 만들어 인류사회 발전에 기여를 하고 있으니 정녕 무엇이 진짜 대단하고 신기하고 놀라운 것이겠소? 그러니 젊은이도 괜히 그런 부질없는 일 따위에 관심 갖지 말고 앞으로 무언가 자기 자신과 인류에게 보다 크게 도움이 될 가치 있는 일에 정신을 쏟고 공부를 하도록 하시오."

그가 정색을 하고 다소 신중한 말투로 차근차근 말하는 걸 듣게 되자 나는 잠시 내 유치하기만 했던 속물근성에 대해 심한 부끄러움을 느꼈다.

또한 나는 방금 전까지만 해도 오직 그의 초능력 같은 것에만 관심을 가지고 있었는데, 그와 얘기를 나누면 나눌수록 오히려 그런 것 따위는 다 시시하게 여겨지고 점차 그의 깊고 깊은 정신계(精神界) 속으로 한없이 빠져들고 있는 듯한 느낌을 받았다.

관상
_ 형상이 곧 실상

나는 그에게 내 여행일정에 대해 자초지종을 말한 후 귀국 시까지 남은 기간 동안 암자에서 머무는 것을 승낙 받았다. 그 역시 산중 생활이 다소 외로웠던 탓인지 일면 호기심 많은 어린아이 같은 나를 말벗 삼아 자신의 이런저런 생각을 들려주는 것이 그다지 싫지 않은 눈치였다.

나는 그에게 '말씀을 편히 낮추시라.'고 부탁을 했고 그 또한 자연스레 내게 하대(下待)를 했다.

암자에서 맞는 첫날 밤, 그와 나는 마치 다정한 사제지간처럼 툇마루에 걸터앉아 밤하늘에 청청히 빛나는 별들을 올려다보며 많은 이야기를 나누었다.

내가 그에게 물었다.

"선생님은 어찌 처음부터 별로 귀찮고 싫은 내색도 않으시고 초면인 저를 이곳까지 데려와 좋은 가르침을 주시는 것입니까?"

그가 빙그레 웃으며 대답했다.

"내가 좀 심심해서……, 그리고 관상을 보아하니 나와 비슷한 과(科)인데다가 사람이 여리고 순하고 착한 듯하여……."

그의 말에 나는 또 대뜸 예의 속물근성이 발동하기 시작했다.

"선생님, 방금 관상에 대해 말씀하셨는데, 관상이란 정말 맞는 것입니까? 저는 원래 그런 것은 잘 안 믿습니다만, 관상법에 대해서도 한 말씀 들려주십시오."

"자네가 내 얼굴을 바라볼 때 자네 속마음에서 일어나는 그 느낌과 생각이 바로 관상법에 따른 나의 관상이라네."

그는 무슨 질문이든 즉석에서 거침없이 대답해주었으나 내심 무언가 좀더 자세하고 특별한 대답을 기대했던 내게는 번번이 미흡하게 느껴졌다.

내가 다시 물었다.

"그런데 일반인들의 경우에는 그 느낌과 생각이 자주 틀릴 때가 있지 않습니까?"

"그거야 관상법이 틀린 게 아니고 그 사람의 기본적인 안목과 판단능력이 부족한 거지."

그가 이어 설명하는 바에 따르면 다른 동물들도 마찬가지지만 특히 사람의 경우 '관상(觀相)이 곧 심상(心相)'이라고 했다.

모든 사람의 얼굴에는 각자 자신의 성정(性情)이 그대로 드러나게 마련이고 또한 이는 절대 감추거나 속일 수 없다는 것.

예컨대 음흉하게 생긴 사람은 그 마음도 음흉하며, 표독스럽고 간사하게 생긴 사람은 그 마음 또한 그러하다는 얘기였다. 이를테면 부처는 부처처럼, 마귀는 마귀처럼 생길 수밖에 없고, 행동 역시 그리하며 살 수밖에 없다는 것이었다. 특히 사람의 천박한 상, 무지한 상, 빈한한 상은 아무리 분장과 위장을 해도 한눈에 다 드러나는 법이라 했다.

사람뿐 아니라 동물들의 경우에도 그 생김새를 살펴보면 육식동물은 사납게, 초식동물은 순하게, 잡식동물은 추하게, 여우는 교활하게, 곰은 미련하게, 토끼는 연약하게, 뱀은 징그럽게 생겼으며, 그들의 성정이나 행동 역시 결국 그들의 생김새와 똑 같게 마련이라는 것이었다.

그리고 이와 같은 기본적인 관상법은 일반 사람들도 어느 정도의 지능과 감각과 판단능력만 지니면 누구나 다 볼 수 있고 알 수 있는 것이라고도 했다.

나는 다시 물었다.

"그럼 선천적으로 안 좋은 관상을 지니고 태어난 사람의 경우는 어쩝니까? 주위에 보면 태어날 때부터 잘 생긴 아이들과 못 생긴 아이들도 많지 않습니까?"

그가 대답했다.

"사람이 태어나는 순간 지니게 되는 신생아의 얼굴은 단지, 아버지의 고환과 어머니의 자궁에서 정자나 난자로 있을 때 그 부모의 성정을 닮은 것일 뿐 진정한 자기 형상은 아닐세. 물론 기본 골격은 부모 영향을 많이 받긴 하지만 관상의 귀하고 천함이 처음부터 백퍼센트 정해져 있는 것은 아니라는 얘기네. 아기들이 태어날 때 얼굴은 불과 몇년만 지나도 거의 지워지고 변하지 않던가? 따라서 모든 인간의 관상은 그 성정과 행동 여하에 따라 죽을 때까지 끊임없이 변화하고 또 새롭게 형성되는 것일세."

내가 다시 덧붙여 물었다.

"그럼 인간의 성정이란 어찌 형성되는 것입니까?"

"그것은 태어날 때 부모로부터 물려받은 유전인자에 후천적 삶의 환경과 여건 즉, 생장터전의 기후와 토양, 수질은 물론 의식주와 평소 생활습관 등의 여하에 따라 형성되는 것일세."

듣고 보니 공감이 가는 얘기였다.

더러 오랫동안 각기 다른 환경에서 살아온 옛 친구들을 만나보았을 때 어릴 적 얼굴이 그대로 남아있는 예란 거의 없었던 경험으로 미루어 봐도 그의 말은 상식적이면서 또한 매우 일리 있게 느껴졌다.

"선생님. 그럼 저의 관상을 한번 봐 주십시오. 미래의 일도 좀 알려주시고요."

나는 이제 그와 어느 정도 친숙감이 생기자 마치 어린아이처럼 다소의 응석을 섞어 다시 물었다.

"자네는 순양지상(順羊之相)일세."

그가 서슴없이 대답했다.

"예? 무슨 뜻인지······."

"순하고 여린 성정을 지닌 양의 상이라는 얘기지. 자네, 사업을 한다고 했나? 그런 얼굴로 무슨 사업을 한다고······ 사업이란 육식이나 잡식성 동물상을 지녀야지 초식동물 관상으론 힘드는 것일세. 원래 초식동물 상을 지닌 사람은 남들과 무엇이든 경쟁을 하는 일에 있어 상대를 이기기란 어려운 것이네. 따라서 남들과 다툼을 벌이는 일이라면 그야말로 양이나 노루처럼 무조건 36계 줄행랑이 상책인 바, 앞으론 사업이고 뭐고 다 정리한 뒤 순수 학문에 정진하던가 아니면 시골로 가서 농사나 짓고 살게."

그가 전혀 아무렇지도 않게 내 사업운에 대해 너무 비관적으로 단정지어 말하자 나는 내심 자존심도 상하고 은근히 화도 좀 났다.

"그래도 제가 벌써 10년 가까이 그럭저럭 사업을 잘 해 왔는데요."

내가 다소 불만스럽고 삐친 투로 말하자 그가 설명을 이었다.

"그동안은 다행히 재수가 좋았겠지. 또한 아직 철이 안 들었을 때니까. 하지만 이젠 자네도 보아하니 어느 정도 철이 들었어. 사업이란 원래 철들기 전에 크게 못 일으키면 철든 후에는 잘 안 되는 것일세. 철이 든다는 게 뭔지 아는가? 바로 가슴속에 양심이란 것이 생기는 것이라네. 양심이란 뭐냐? 그건 바로 부끄럽고, 유치하고, 속되고, 천박하고, 비겁하고, 무모하고, 도리에 어긋나는 짓은 스스로 주저하고 피하려는 마음인 것이야. 자네도 한번 생각해보게. 누구든 그런 마음을 지닌 사람이 어떻게 사업을 해서 큰돈을 벌 수 있겠나? 그래서 사업이란 관상도 관상이지만 특히 젊어서 아무 것도 모르고 물불 안 가릴 때 열심히 뛰어 성공해야 하고, 철 든 이후 노년에는 좋은 일 하는데 벌었던 돈을 쓰는 것일세."
내가 다시 반문했다.
"노년에 승승장구하는 사업가들도 있지 않습니까?"
"그거야 젊었을 때 모아 놓은 재물과 인력가지고 하는 것이고……, 그리고 사람이 나이만 많이 먹었다고 모두 철이 드는 건 아닐세. 환갑, 진갑 다 지나도 보통 사람들의 칠할 이상은 어린애들과 같다네. 특히 육식성, 잡식성 동물 관상을 지닌 사람들은 대부분 늙어 죽을 때까지도 철이 안드는 법일세."
아무튼 나는 그의 말을 들으며 다소 맥이 풀렸다.
그래도 나름대로는 나 자신의 미래에 대해 무언가 희망찬 대답을 내심 바라고 그에게 관상을 봐 달라고 말했건만 모든 걸 다 정리하고 시골 가서 농사나 지으라니…….
나는 그에게 내 앞날에 대해 이것저것 좀 더 자세히 물어볼까 하다가 어쩐지 영 기분도 안 내키고, 혹 더 실망스런 대답을 듣게 될지도 몰라 그만 두었다.
그러는 사이 이미 밤이 꽤 깊어 있었다.
황산에서의 첫날 밤, 그와의 산중문답은 대략 이렇게 끝이 났다.

수련
_무심(無心)과 자연심

시끄러운 새소리에 눈을 뜨자 이미 방안엔 환한 아침햇살이 비치고 있었다. 피곤하여 다소 늦잠을 잔 듯 했다.
자리에서 일어나 밖으로 나오자 그가 마당에 서 있는 것이 보였다. 암자 마당엔 한 무리의 새떼들이 날아들어 있었고, 그는 새떼들 가운데에 서서 마치 닭들에게 모이를 주듯 연신 먹이를 던져주고 있었다.
그의 그런 모습이 너무도 자연스러워 언뜻 볼 땐 조금도 이상하거나 신기해 보이지 않았다.
"잘 잤는가?"
그가 빙그레 웃는 얼굴로 나를 보며 말을 건넸다.
"예. 일찍 일어나셨네요."
내가 머리를 숙이며 대답하자 그는 새들에게 먹이 주던 손길을 이내 멈추고 툇마루로 걸어와 앉았다.
나는 다소 신기한 표정으로 그에게 물었다.
"저 새들이 어찌 사람을 안 무서워하고 저렇듯 마당 안까지 몰려와 먹이를 받아먹는 것입니까?
"처음엔 다소 경계를 하더니만 오래 동안 먹이를 줘 버릇했더니 이젠 아침마다 몰려 와 저 야단들일세."
마당 한가운데엔 참새를 비롯하여 멧비둘기, 까치, 들꿩 등 여러 종류의 새들이 저마다 서로 먹이를 먼저 주워 먹으려고 날개를 푸

득거리며 쟁탈전을 벌이고 있었다.

그의 말에 따르면 비단 새들뿐만 아니라 모든 산짐승, 들짐승들이 사람을 피하고 경계하는 것은 사람 마음속에는 부지불식간에 그들을 소유하려거나 또는 해하려는 의지가 있다는 것을 그들이 본능적 감각으로서 인지하는 때문이라고 했다.

따라서 사람도 바위나 나무등걸처럼 그야말로 무심(無心)의 자연 상태를 지니게 되면 동물들과 전혀 거리낌 없이 어울릴 수 있다는 얘기였다.

나는 이치적으로 일면 수긍이 가기도 했지만 또 한편으론 그의 말이 약간의 궤변처럼 들리기도 했다.

"자네, 나와 같이 운동이나 가겠는가?"

그가 문득 나에게 물었다.

그는 자신이 기(氣) 수련하는 것을 운동이라고 표현했다.

내가 '혹 방해가 안 되겠느냐'고 묻자 그는 '상관없다'고 했다.

나는 내심 '이제야 비로소 그의 초능력에 관한 비법을 알게 되는 구나' 하는 생각에 다소 흥분 되었다.

잠시 후 그와 나는 암자 뒤편으로 난 작은 숲길을 따라 산 중턱으로 걸어 올라갔다.

그는 수련 장소까지 가는 동안 인간과 기(氣)의 상관관계에 대해 많은 이야기를 들려주었다. 하지만 기에 관한 얘기는 이른바 '도를 아십니까?'라는 말만큼이나 한국에서도 흔히 들어왔던 식상한 주제였던지라 나는 큰 흥미를 느끼지는 못했다.

기운과 기력
_ 인간에게 잠재된 자연에너지

그의 기(氣)에 관한 설명은 시정(市井)에서 흔히 듣는 얘기에 비해 간명하고 논리적이었다. 하지만 쉽게 알아듣고 이해할 수 있는만큼 특별히 신기하게 느껴지는 부분도 없었다. 다만, 오랜 기 수련을 통해 자신이 지니게 된 남다른 심신의 능력에 대해 마치 별것 아닌 양 담담히 설명하는 그의 자세는 돋보였다.

보통 속인들이 그와 같은 초월적 능력을 지녔다면 이른바 '도(道)를 통했다느니, 신통력을 얻었다느니'하며 온갖 과장되고 허황된 말로 사람들을 현혹시키려 할텐데 그런 면에 있어 그는 초연했다. 항상 자신의 체험과 능력, 생각에 대해 조금도 부풀리거나 억지 섞인 주장을 하려들지 않았고, 언제나 모순됨이 없이 논리정연하고 이치에 합당한 말만 했다. 바로 그 점이 내가 그에게 특히 매료되고 존경심을 갖게 된 부분이기도 했다.

아무튼 그의 기에 관한 설명은 널리 알려진 Anaximenes의 일원설(一元說)과도 비슷한 것으로 대략 이러했다.

기란 우주 대기(大氣, Atmosphere) 중의 산소(酸素)나 질소(窒素) 등과 같이 복합 원소(原素)들로 구성되어 있어 눈에 보이지도 않고 잡히지도 않는 것이지만 그것을 응집하여 최대한 활용할 수 있는 방법과 기술만 연구, 터득하면 엄청난 에너지를 얻을 수 있다는 것. 이를테면 현대과학에서 각종 원소들을 융합, 분열시켜 원자폭탄이나 수소폭탄을 제조하는 원리와도 같은 이치라는 얘기였다.

또한 우주 속의 온갖 유무기체는 모두 기의 원리로 변화하고 움직이는 것이며 인간 역시 주로 호흡을 통해 산소, 질소 등과 같은 원소 즉, 기를 받아들여 체내(體內)에서 융합함으로써 일상 활동에 필요한 파워를 얻게 되는데, 인간의 경우 아직 그것을 에너지화 하는 기능이 겨우 생존에 필요한 정도의 최소 수준에 머물러 있는 상태라는 것. 그러다 보니 기의 흡입으로 부족한 활동에너지는 물이나 음식물 등의 섭취를 통해 따로 보강하고 있는 실정이며, 만일 누구든 만물의 에너지원이라 할 수 있는 기를 최대한 활용할 수 있는 방법만 연구, 터득하면 별도의 음식물을 섭취하지 않고도 생존활동을 하는데 전혀 지장이 없을 뿐만 아니라 그 연구정도나 성과에 따라서는 실로 놀라운 능력을 지닐 수도 있다는 이야기였다.

나는 그의 말을 들으며, '정말 인간이 다른 음식을 일체 먹지 않고 오직 공기만 마시며 살 수 있다면 초능력 같은 것을 얻는 것은 차치하고라도 그 심신이 얼마나 순수하고 깨끗할 수 있을까' 하는 다소 동화 같은 상상을 잠시 했다.

그의 계속된 설명에 의하면 사람들은 예부터 단전호흡법이니 명상요가법이니 하여 체내로 받아들인 기를 최대한 활용하는 방법들을 연구해 왔지만 그 기술과 능력의 한계에 부딪혀 아직까지는 미미한 수준에 머물러 있는 상태라는 것. 그 역시 지난 몇십 년 동안 열심히 기 수련을 해왔으나 현재까지의 성과란 정신적, 육체적으로 보통 사람들보다 고작 서너 배 정도의 파워를 얻은 수준에 불과하며, 앞으로 몇십 년간 수련을 더 한다 해도 지금보다 과연 얼마만큼이나 큰 성과를 얻을 수 있을지는 의문이라고 했다.

나는 그의 설명을 듣다가 또 문득 이를테면 원자로와 같이 각종 원소들을 융합, 분열시키는 아무런 인공의 장치도 없는 순수 자연 상태의 인체 내에서 과연 어떻게 그런 원소들을 축적, 활용하여 에너지화를 시킬 수 있을 것인가? 하는 의문이 들어 그에게 다시 물어보았다.

이에 그는 '모든 생명체는 이미 태어나는 순간부터 호흡, 뇌파 등을 통해 우주 내의 기 즉, 원소들과의 정밀한 교류, 융합시스템이 작동하고 있고, 그러한 체내의 신경, 세포조직은 어떤 인공의 장치나 설비보다 몇 배 더 정밀한 것이기 때문에 중요한 것은 그 시스템의 동작원리와 법칙을 연구하면 가능할 수 있을 것'이라고 했다.

또한 대부분의 심해(深海) 어류들이 발광(發光), 발전(發電)능력을 지니고 있는 것이나 지상의 많은 동물들이 시각, 후각, 청각적으로 인간들에 비해 수십 배 발달된 능력을 지니고 있는 것만 봐도 기를 개발, 활용한 인간 잠재능력의 개발 여지는 무한할 것이라고 했다.

이어 그는 '만일 현대 과학자들이 원자력을 개발하는데 기울인 연구노력의 몇십 분의 일만이라도 인체와 기의 역학관계에 대해 진작부터 관심을 가지고 연구를 했다면 아마 지금쯤은 놀랄만한 성과를 얻을 수 있었을 것'이라며 아쉬워하기도 했다.

특히 근래 각 선진국들에서도 군사목적 등으로 인간잠재능력 개발을 위한 ESP(ExtrasenSory Perception) 분야의 연구에 적극 관심과 투자를 기울이는 것만 봐도 기에 대한 과학적 근거는 충분한 것이며 또한 사람들이 기운, 기분, 기력, 기세, 기미, 기가 차다, 기가 막히다 등의 말을 일상용어로 흔히 사용하는 것 역시 인간은 누구나 선천적으로 기를 지니고 있음을 인정, 시사하는 것이라고도 했다.

아무튼 나는 그가 동위원소니, 중성자니, 양자역학이니, 원자핵이니 하는 등의 전문용어까지 구사해가며 기에 관해 열심히 설명하는 것을 들으며 현대 과학에 대해서까지 통달한 듯한 그의 놀라운 지식에 내심 감탄을 금할 수 없었다.

조형법(鳥形法)
_새처럼 자유롭게

그와 기에 관해서 이런저런 얘기를 나누는 사이 마침내 수련장에 도착했다.

그곳은 산중턱쯤에 위치한, 조그만 텃밭만한 넓이의 평지였다.

내가 첫날 그를 목격한 지점에서 그리 멀리 떨어져있지 않은 곳이었다.

그는 틈나는 대로 이곳에 와서 수련을 한다고 했다.

주변에는 황산의 명물로 널리 알려진 수십 그루 기송(奇松)들이 저마다 낙락한 가지들을 드리운 채 보기 좋게 둘러 서 있었다.

그는 나에게 기 수련의 기본동작 한 가지를 알려주겠다고 했다. 그리고 먼저 자세를 잡더니 내게 '따라해 보라'고 말했다.
"우선 바른 자세로 서서 고개를 높이 들고 오른쪽 발을 들어 왼 다리 안쪽 무릎에 발바닥을 갖다 붙이게. 그리고 왼팔은 위로, 오른팔은 아래를 향하게 하고 손바닥을 쫙 펴게."
내가 그의 말과 동작을 따라 서툴게 포즈를 취하자 그는 몇 번씩 내게로 다가와 자세를 바로잡아 주었다.
"이제 됐네. 그것이 바로 기 수련의 기본동작 중 하나인 비학지형(飛鶴之形)의 품새라네. 이른바 하늘을 날으는 두루미의 자세를 본 뜬 것일세. 어떤가? 그러고 서 있으니 뭔가 좀 기분과 느낌이 다르지 않은가?"
그의 말을 듣고 보니 정말 그런 것도 같았다. 나는 약 5분쯤 그런 자세로 서 있었는데도 무척 힘이 들었으며, 등과 이마에서 땀이 흥건히 베어 나왔다.
그는 나에게 '그만 자세를 풀라'고 하더니 다시 기 수련법에 대하여 몇 가지 기초적인 설명을 덧 붙였다.
그의 설명에 따르면 인간이 우주 속의 기를 받아들이는 방법은 크게 세 가지로 나눌 수가 있는데 첫째는, 정신을 통해 받아들이는 명상법, 둘째는 육체를 통해 받아들이는 요가법, 셋째는 정신과 육체로 동시에 받아들이는 호흡법이 있다고 했다.
각 수련법의 특징은 명상법의 경우 주로 정신적 능력을, 요가법은 육체적 능력을, 호흡법은 정신과 육체의 능력을 동시에 증가시키는데 있다는 것.

또한 그는 자신이 이 세 가지 수련법을 모두 익혀보았는데, 각 수련법마다 단점과 한계가 있어, 약 10년 전쯤부터는 그 나름대로 독자적인 방법을 개발, 수련해오고 있다고 했다.

그가 스스로 창안한 새로운 수련법이란 앞서 말한 세 가지 수련법 중 장점을 취하고 단점을 보완한 이른바 조형법(鳥形法)이란 것으로서 총 18종류에 이르는 새들의 동작을 본 따 만들었다는 것.

"자네, 이 세상 동물들 중 가장 편리한 육체적 능력과 조건을 지니고 태어난 동물이 뭔지 아는가? 그것은 바로 새들일세. 공중을 자유로이 날아다닐 수 있는 새들이야말로 세상의 모든 동물들이 부러워할 놀라운 능력을 지녔다 할 수 있을 것이네. 또한 새들은 대기 속의 기를 가장 쉽고 자연스럽게 받아들일 수도 있고. 그래서 난 그 새들의 모습을 보면서 조형법이란 새로운 수련법에 착안하게 되었네."

그가 설명한 조형법이란 학이 하늘을 나는 비학지형에서부터, 참새가 여울을 건너는 작천지형(雀川之形), 까투리가 양지에서 노니는 치유지형(雉遊之形), 제비가 빨랫줄에 날아 앉는 연좌지형(燕座之形), 까마귀가 먹이를 쪼는 오탁지형(烏啄之形), 봉황이 춤을 추는 봉무지형(鳳舞之形), 기러기가 줄지어 날아가는 안열지형(雁列之形), 원앙이 물위에서 즐기는 앙희지형(鴦戲之形), 비둘기가 새끼를 품는 구포지형(鳩抱之形) 등등 다양한 조류(鳥類)의 생태와 동작을 기본자세로 하고 있는 수련법이라 했다.

집념
_ 정신과 노력의 집중

그는 마치 자신이 오래 동안 홀로 터득해 온 비법과 능력에 대해 마음껏 얘기할 수 있는 기회를 만나기라도 한 듯 내게 이것저것 열심히 설명을 했다. 때로는 그 설명이 너무 길어 듣기에 좀 지루해질 정도였다.

나는 그의 말을 듣고 있다가 문득 어제 목격했던 그의 암벽 뛰어넘는 모습이 머릿속에 떠올랐다. 그리고 이 참에 다시 한번 눈앞에서 직접 확인해보고 싶은 충동을 느꼈다.

"선생님. 저는 어제 선생님이 그 높은 암벽을 자유자재로 뛰어넘던 모습에 대해 제 눈으로 확인하고도 아직까지 사실 잘 믿어지지가 않습니다. 대체 그런 놀라운 능력은 어떻게 얻으시고 사용하시는 것입니까?"

나는 차마 그에게 직접적으로 다시 한번 보여 달라는 얘기는 못하고 약간 말을 돌려 표현했다.

"왜? 다시 한번 보고 싶은가?"

그는 마치 내 속내를 꿰뚫어보고 있는 듯 말했다.

"예. 실은 하도 신기한 일이라서……."

내가 좀 머쓱해져 말꼬리를 흐리자 그는 이내 '알았네. 뭐 그 정도야 어려울 것도 없지'하면서 수련장 한가운데로 성큼성큼 걸음을 옮겼다.

그리고 공터 중간지점에 떠억 하니 멈춰 서더니 나를 돌아보며 말했다.

"잘 보게. 이것은 조형법 중 하나로서, 솔개가 하늘을 돌다가 먹이를 나꿔 채 공중으로 치솟아 오르는 응상지형(鷹翔之形)의 품새일세."

말을 마친 그가 잠시 숨을 고르며 자세를 잡는가 싶더니 이윽고 양어깨를 가슴 안쪽으로 잔뜩 웅크린 채 두 팔을 앞으로 힘차게 쭉 뻗었다.

"이야앗!"

우렁찬 기합소리와 함께 순간 그의 몸이 마치 화살처럼 공중으로 솟구쳐 올랐다. 약간 과장을 보탠다면 아마도 대략 한 10미터쯤은 그렇게 치솟았다가 내려오는 것 같았다.

인간은 어떤 신기한 현상에 대해 그것을 처음 목격하였을 때는 마치 엄청난 기적이라도 본 듯 놀라게 되지만 막상 그런 현상을 두 번, 세 번 자주 목격하게 되면 이내 대수롭지 않은 양 여기게 되는 관성이 있는 것 같았다.

나 또한 이미 그의 초월적 능력을 두 번째로 목격하게 되자 처음 보았을 때보다는 그 신비감이나 놀라움이 덜 했다.

나는 바닥에 내려서는 그에게 다가가 '참 대단하십니다' 라고 말하자 그는 그저 씩 한 번 웃어 보였다.

그가 이어 설명하길, 모든 기 수련법의 핵심은 바로 '심신을 집중하는 것'이라고 했다.

비단 기 수련뿐만 아니라 일반 세상사에 대해서도 어느 한가지의 일에 자신의 심신을 오랫동안 집중하다보면 거기에 나름의 기가 모여지고 에너지와 파워가 형성되어 의외의 큰 발전과 성과를 얻을 수 있게 된다는 것이었다.

또한 방금 그가 보여준 것처럼 단순히 육체적으로 일반인들에 비해 몇 배정도 더 뛰어난 능력을 지니고 발휘하는 것은 그리 어려운 일이 아니라고도 했다.

그것은 마치 좋은 체력조건을 지니고 열심히 연습을 거듭한 운동선수들이 보통 사람에 비해 훨씬 뛰어난 성적을 내는 것과 같은 이치로서 누구든 오랜 훈련을 통해 가능할 수 있다고 했다.

인간의 한계
_ 미약한 신체여건

그가 문득 내게 물어 왔다.

"자네, 아까는 내가 생존에 가장 유리한 신체조건을 지니고 태어난 동물이 새들이라고 말했었는데, 그럼 반대로 세상에서 신체적으로 가장 불리한 능력과 조건을 지니고 태어난 동물은 뭔지 아는가?"

내가 즉시 대답을 못하고 머뭇거리자 그는 다시 말을 이었다.

"그것은 바로 인간들일세. 흔히 인간을 만물의 영장입네, 뭐네 말하지만, 생각해보면 인간의 신체적 조건과 능력이란 다른 동물들의 그것에 비해 너무 보잘것없고 생존에 불리하게만 되어 있어 때론 절망감마저 느낄 정도라네. 자네도 한번 생각해 보게. 우리 인간이 날짐승들처럼 공중을 날 수가 있나, 물고기들처럼 물속에서 헤엄을 잘 칠 수 있나, 산짐승, 들짐승들처럼 날쌔기를 하나, 또한 맹수들처럼 힘이 세길 하나, 개미나 풀벌레들처럼 어느 곳에서든 쉽게 먹이를 구하고 살아갈 수 있길 하나, 그렇다고 다른 동물들에 비해 특별히 수명이 길기를 하나, 또는 코끼리나 하마들처럼 덩치가 크기를 하나, 정말 무엇 한 가지 내 세울 것이 없네."
그는 잠시 숨을 돌린 후 다시 말을 이었다.
"그래도 한 가지 크게 다행한 것이라면, 인간들은 그렇듯 다른 동물들에 비해 열등하고 불리한 신체 조건과 한계를 지니고 태어나다 보니 어떻게든 생존을 이어가기 위해 두뇌를 열심히 사용할 수밖에는 없게 되었고, 그 두뇌기능의 진화로 인해 오늘날과 같은 놀라운 인류문명이 건설된 것이긴 하네만, 아무튼 인간들의 기본적인 육체 능력과 한계란 그렇듯 실로 보잘것없다는 얘기일세. 따라서 내가 처음 기 수련을 시작한 동기도 바로 기를 통해 인간의 열등한 신체적 능력과 한계를 어떻게든 최대한으로 증대시키고 극복해보고자 했던 것이었네."
내가 잠자코 듣고만 있자 그는 얘기를 계속 했다.
"내가 기를 연구하고 수련하는 것은 속된 말로 무슨 신통력의 영역도 아니고, 도술의 차원도 아닐세. 이는 단지, 의사가 인체의 조직을, 과학자들이 우주의 원소를 연구하는 것처럼 일종의 물리, 의학적 영역이네. 자네도 내 얘기를 지금껏 들었으니 알겠지만 내가 하는 말이 이른바 혹세무민하는 세속의 종교인들이나 또는 일부 신비주의자들 말처럼 그저 일방적이고 허황된 자기만의 주장이거나 앞뒤의 모순으로 논리와 이치에 전혀 맞지 않는 그런 이야기는 아니지 않은가? 나는 현대 과학으로도 충분히 입증 가능하고 추론이 허용된 범위 내에서, 그 또한 반론이나 이의의 여지가 없는 부분에 대해서만 나름대로 연구한 바를 얘기하는 것일세."

그는 잠시 말을 멈추더니 아예 공터 옆 넓다란 바위로 걸어가 떡하니 걸터앉았다. 그리고는 이내 나를 불러 자기 옆에 앉게 한 뒤 다시 말을 이어갔다.

"이보게. 내가 왜 자네를 만나 예까지 데리고 왔는지, 그리고 자네에게 왜 이렇듯 묻지도 않는 여러 가지 얘기와 설명들을 열심히 늘어놓는지 알겠는가?"

그는 스스로 생각하기에도 자신의 다변이 조금 어색하게 느껴졌던지 문득 내게 물었다.

"……?"

내가 대답을 못하고 머뭇거리자 그는 빙긋이 한번 웃더니 말을 계속했다.

"어제도 대략 얘기했듯, 우선 자네가 나와 같은 조선인이라는 것이 내 관심을 끌었고 또한 자네는 나에 대해 아주 큰 경외심(敬畏心)과 호감을 지니고 있음이 느껴졌네. 자네의 사람됨 역시 매우 선량하다는 것을 알았고. 그리고 자네의 내면에는 우주만물의 이치를 알고자 하는 강한 지적(知的) 욕구가 자리해 있어 내 말을 알아듣고 받아들일 수 있는 정신의 자세와 수준 역시 어느 정도 갖춰져 있다는 걸 알았기 때문일세. 또한 자네는 관상으로 볼 때 일면 구도(求道)의 길을 걸을 상이기도 하여 앞으로 언젠가는 인간의 정신계에 대한 탐구를 시작하게 될 것이란 예감을 했네. 물론 그 경지가 어디까지 이를 것인지는 이후 자네의 노력 여하에 달린 것이긴 하네만. 따라서 이 또한 인연이란 느낌이 들어 내가 다소라도 도움을 주고 싶었던 것이네."
그는 신중한 표정으로 계속 말을 이었다.
"그 외에 또 한 가지 이유가 더 있다면 그것은 바로 나 자신의 존재에 대한 표시욕구랄까, 표현 욕구랄까, 아무튼 뭐 그런 본능적 욕구 때문이라네. 인간을 비롯하여 이 세상 모든 동물들에게는 태어날 때부터 자기 의사를 밖으로 나타내려는 본능적 욕구가 있는 것이네. 이를테면 짐승들이 울부짖는 것, 새들이 지저귀는 것, 인간들이 말을 지껄이는 것 등 모두 선천적으로 타고난 자기 존재에 대한 표시 또는 자기 의사의 표현욕구일세. 이는 어찌 생각하면 속된 욕구 같고 또한 정신을 수양하는 사람들로서는 오욕칠정(五欲七情) 같은 것들과 마찬가지로 극복해야만 할 대상 같지만, 실상은 그렇지 않은 지극히 순수하고 자연스럽고 또 살아가는데 꼭 필요한 본능인 것이네. 나 또한 산중생활이 오래되었다고는 하지만 역시 혼자 있으면 외롭고 사람들이 그리워지고, 사람들을 만나면 무슨 얘기든 하고 싶어지는 본능은 어쩔 수 없는 것이기 때문이네."
그래서일까, 말을 이어가고 있는 그의 모습이 무척 외롭고 쓸쓸하게 느껴졌다.

예지력
_ 기미를 알아차리는 감각

지금까지 그가 말한 기와 관련된 설명을 한마디로 요약하면, '인간을 비롯한 우주만물은 기로써 움직이고 또한 만물의 에너지원(原)인 기를 최대로 활용하면 엄청난 파워를 발생시킬 수 있다'는 얘기였다.

이는 물론 그동안 세상에서 익히 들어온 얘기이긴 했지만 기의 근본원리와 이치에 대해 그의 논리정연한 설명을 들음으로써 나는 지금껏 주위에서 편편히 얻어듣고 익힌 기에 관한 상식이 대충이나마 머릿속에서 정리가 되는 느낌이었다.

"자네 예지력(豫知力)이란 말 많이 들어봤지? 그에 대해서는 어떻게 생각하는가?"

잠시 동안 말을 멈췄던 그가 내게 물었다.

"글쎄요. 그런 건 점쟁이들이나 흔히 쓰는 말 아닌지요?"

"그렇지 않다네. 시정의 점쟁이들이 흔히 말하는 이른바 예언능력 따위는 대부분 돈벌이를 위한 거짓 수단에 지나지 않지만, 내가 말하는 예지력이란 그런 차원하고는 좀 다른 것일세. 쉽게 말해 인간을 비롯한 모든 동물들에게는 선천적으로 타고난 예지감각과 능력이란 것이 있네. 자네도 익히 알고 있는 얘기겠지만, 선박이 난파당할 땐 쥐들이 먼저 알고 대피하며 또한 지진이 일어날 때면 산짐승, 들짐승들이 이를 미리 감지하고 대처한다는 얘기도 있지 않은가? 우리 인간들에게 역시 저마다 정신수준에 따라 약간씩 개인차는 있네만, 이러한 예지감각과 능력이 분명 잠재되어 있네. 쉬운 예로 아침에 일어나 오늘은 무언가 좋은 일이 있을 것 같은 예감이 들거나 또는 반대로 기분이 영 찜찜해서 혹 안 좋은 일이 생길 것만 같은 느낌이 들거나 할 때 그 예감이 적중하는 경우가 자주 있지 않은가? 이것이 바로 모든 동물들이 선천적으로 타고난 예지감각이라는 것인데 다만, 우리 인간들은 오랜 세월 너무 편리한 문명생활에 젖어 살다보니 다른 동물들에 비해 그 본능적 감각기능이 퇴화되어 적중도가 낮은 것뿐이라네. 따라서 기 수련은 바로 이런 인간의 퇴화된 감각과 능력을 되살리고 높여주는 데에도 큰 효과가 있네."

나는 그의 말을 들으면서 '인간이 정말 미래의 일들을 미리 알 수만 있다면 얼마나 좋을까' 하는 다소 어린아이 같은 공상에 잠시 빠졌다.

"그럼 선생님의 예지능력은 어느 정도인지요?"

내가 궁금해서 다시 물었다.

"나는 아직 능력이라고까지 말할 단계는 아니고, 그저 감각의 수준에 머물러 있다고 해야 맞을 것이네. 왜 그런 것 있지 않은가? 이를테면 백퍼센트 장담하기는 어렵지만 꼭 그럴 것만 같은 예감이라든가, 느낌이라든가 하는 것 말일세. 나는 이제 겨우 그런 느낌과 예감이 거의 맞아떨어지는 정도일세."

"그럼 예지감각과 능력을 키우려면 어떻게 해야 합니까?

"일단은 사람의 정신이 맑고 순수해야 하네. 순수하다는 것은 일체의 꾸밈이 없이 그 심성이 자연 그대로의 모습을 지녀야 한다는 뜻일세. 앞서도 설명했지만, 기란 자연의 운행이기 때문에 그러한 자연의 흐름과 자기의 정신이 다른 잡스러운 것들과의 섞임 없이 일치하고 융화되었을 때에 비로소 그러한 감각이 온전히 되살아나는 것이네. 즉, 기미(氣微)를 알아차릴 수 있게 된다는 말일세. 흔히 사람들이 도를 닦는다고 깊은 산중에 들어가 생활하지 않는가? 그것도 다 정신을 맑게 함으로써 자연과 하나가 되어 우주의 유유한 기류를 더 정확히 감지하고자 하는 데에 목적이 있는 것일세. 자네 역시 아직 정신이 맑은 편에 속하니 앞으로 꾸준히 노력하면 그러한 감각을 크게 높일 수 있을 걸세."
나는 그의 말을 들으며 내심 '정말 나도 앞으로 이 길로 한번 나가볼까?' 하는 생각을 잠시 해봤다.
이어 말을 마친 그가 '이제 수련을 해야겠으니, 자네는 천천히 주변 풍광이나 한번 둘러보라'고 했다.
나는 그의 수련에 혹 방해가 될까 싶어 '알겠습니다'라고 대답한 후 자리에서 일어났다.

자아
_ 의식의 깨임

수련을 마치고 다시 암자로 돌아 온 그 날 저녁, 나는 일찌감치 잠자리에 들었다.
그 역시 종일 나에게 너무 많은 이야기를 쏟아놓다 보니 마음이 다소 허허로워 졌는지, 내게 '잘 자라'는 간단한 인사만 남긴 채 별 다른 말없이 자기 방으로 건너갔다.
그러나 나는 쉬 잠을 이룰 수가 없었다.
황산의 밤은 적막했다.
어디에서든 불빛 한 점 스며들지 않는 방안은 완벽한 암흑 속이었다. 사방은 미세한 바람소리조차 없이 오직 고요하고 고요하기만 했다.
그야말로 아무것도 보이는 것도 들리는 것도 없는, 천지창조 이전의 상태와 같은 절대적 진공(眞空)속에서 나는 마치 시신처럼 미동도 않은 채 누워 있었다. 또한 한참을 그렇게 누워있으려니, 내 몸과 정신이 어떤 아득한 심연(深淵)으로 끝없이 침잠해 가는 듯한 느낌이 들었다.
그 느낌은 마치 조용히 눈을 감은 채 손바닥으로 양쪽 눈꺼풀을 한참동안 꾸욱 누르고 있을 때의 바로 그런 느낌과도 비슷했다.
나는 내 의식이 궁극에 달할 때까지 그런 느낌에서 빠져나오고 싶지 않았다. 과연 어디까지가 끝닿을 곳인지 정신의 끈을 한량없이 풀어 놓고만 싶었다.
내 의식은 마치 블랙홀처럼 깊은 어둠과 고요의 심연 속으로 한없이 빠져 들어갔다.
언뜻언뜻 찰나적으로, 어둠의 분말(粉末) 같은 수많은 미립자들과 그것들의 극미한 반짝거림이 보이고, 지난 날 삶에 대한 기억의 잔영(殘影)들이 조각조각 빠르게 내 의식을 스쳐지나갔다.
그리고 어느 경계에 이르자 나 자신에 대한 존재의식이 서서히 되살아나기 시작했다.

나는 참으로 오랜만에 내 존재의 본래 음성과 모습을 어렴풋이나마 엿 듣고 볼 수가 있었다.

나는 무엇인가? 나는 지금 무엇을 하고 있는 것인가? 내가 찾고자 하는 것 그리고 나의 존재 이유와 삶의 목적이란 무엇인가? 인간이 나고 살고 죽는 것에 대한 의미는 무엇이며 또한 우주만물의 탄생은 어떻게 비롯된 것인가? 눈에 보이지 않는 것들의 존재를 과연 어디까지 믿고 인정해야 하는가? 인간의 삶이 다른 동물들의 삶과 본질적으로 다른 것은 무엇인가? 무엇을 추구하며, 어떻게 사는 것이 정녕 가치 있고 올바르게 사는 길인가? 인간은 잠재능력의 개발을 통해 얼마만큼이나 심신의 한계와 능력을 증가시키고 극복할 수 있는 것인가? 또한 그것이 정녕 가능하기나 한 일이며, 만일 가능하다면 나는 이제 어느 길을 선택해야 할 것인가? 하는 등등의 무수한 의문과 상념과 번뇌의 소리들이 내부로부터 들려왔다.

그리고 그것은 내가 지금껏 잊고 살았던, 내 본래의 자아(自我)가 일시에 깨어나 나를 향해 외치는 뼈아픈 질문과 원망의 소리이기도 했다.

그러나 나는 이제 그만 내 의식과 자아를 다시 잠재워야겠다고 생각했다.

더 이상 스스로를 다그쳐봐야 그에 대해 뾰족한 해답을 찾아낼 수도 없을 뿐 아니라 오히려 정신의 혼란과 고통만 가중될 것이기 때문이었다.

또한 나는 한 밤중 생겨난 수많은 사념과 고뇌들이 날 샌 아침이면 결국 부질없는 것이 되고 만다는 이치를 그동안 오랜 사유의 경험을 통해 충분히 체득한 터였다.

하여, 나는 그저 나의 이런 풀기 힘든 의문과 고민들에 대해 '내일은 그에게 좀 더 본격적으로 깊이 있게 물어 봐야겠다'고 생각하며 애써 잠을 청할 수밖에 없었다.

[제2부]
존재의 본질에 대한 의문과 해답

산삼
_ 발열성 식물의 효능

황산에서 맞는 두 번째 아침이었다.
그는 진즉 일어난 모양이었다.
암자 마당가에 심어 놓은 약초들을 손질하고 있던 그는 내가 방에서 나오는 것을 보자 부엌으로 가더니 예의 그 칡 분말을 한 잔 물에 타 가지고 와 '식사 대신 마시라'며 내게 건넸다.
그러고 보니 내가 이 곳 암자에 온 후로 먹은 음식이라고는 칡가루 분말 한 잔 마신 게 전부였다. 그런데도 이상하게 공복감이 느껴지지 않았다.
"선생님. 제가 원래 소식(小食)하는 편이긴 합니다만, 여기 온 이후로 음식을 전혀 먹지 않았는데도 배고픈 줄을 모르겠으니 어찌 된 일입니까?"
내가 문득 생각 난 듯 그에게 묻자 그는 잠시 빙그레 웃더니 대답했다.
"지금 자네가 마시는 것은 음식 중에서도 아주 특별한 음식이라네."
".....?"
내가 다소 의아한 표정을 짓자 그는 다시 말을 이었다.
"거기에는 목단(牧丹) 잎에 내린 밤이슬을 받아 모은 물에 칡 분말뿐이 아니라 각종 곡류, 채소, 약초류는 물론 내가 이곳 황산에서 20년 넘게 직접 씨 뿌려 기른 산양삼(山養蔘)의 분말까지 모두

들어있는 것일세. 옛날 선식으로 알려진 벽곡단과도 비슷한 것이지. 특히 그 산양삼의 경우 약효와 성분에 있어 거의 천종(天種) 산삼에 버금가는 것이라네."
그의 말대로라면 나는 귀한 산삼 가루를 얻어 마신 셈이었다.
"선생님. 산삼이 정말 일반 사람들이 얘기하는 것처럼 그렇듯 만병통치이고 인체에 대단한 효과가 있는 것입니까?"
산삼이란 말을 듣게 되자 나는 문득 예전 사기꾼들 말에 속아 가짜 산삼을 사 먹었던 기억이 떠올라 그에게 물었다.
"산삼이 만병통치의 약효를 지닌 것이 아니라, 산삼이 만병통치의 약효를 지녔다고 생각하는 사람들의 그 마음이 만병에 효과를 가져 오는 것일세."
나의 다소 뜬금 없는 물음에 그가 다시 차분히 설명을 덧붙였다.
"예부터 사람들은 삼의 효력을 너무 맹신하는 경향이 있어 왔다네. 심지어 현대의학에서도 삼에 들어 있는 진세노사이드 즉, 사포닌이란 주성분이 인체의 암, 당뇨병, 고혈압, 심지어는 두뇌기능까지 좋게 하는데 큰 효과가 있는 것처럼 말하고 있으나, 이 또한 일면 과장된 얘기일 수 있네. 내가 그동안 삼을 기르며 직접 실험을 통해 알아 낸 결과 삼에는 어떤 병증에 대한 직접적 치료성분이 있다기 보다는 다른 식물에선 찾아보기 힘든 고발열(高發熱) 성분이 내재되어 있다는 점일세. 자네도 삼을 먹어봤으면 알겠지만, 비록 산삼이 아닌 인삼일지라도 하루에 서너 뿌리씩 잘 씹어서 매일 복용해 보게. 그러면 밥 한 두끼 정도는 먹지 않아도 속이 든든하고 또 훈훈해짐을 금방 느낄 수 있을 걸세. 그것이 바로 삼이 지닌 높은 발열성분 때문이네. 열(熱)이란 뭔가? 모든 에너지의 원천이 되는 것 아닌가. 그래서 삼은 장복(長服)할 경우 다른 것은 몰라도 사람의 원기를 북돋워주는데 있어서만큼은 특효가 있다네. 물론 사람의 원기가 북돋워져 혈액순환, 심폐기능, 두뇌활동까지 다 좋아지게 되면 앞서 말한 여러 가지 병증에도 간접적으로 도움이 될 수 있는 것이긴 하네만, 아무튼 삼의 주성분과 효력은 그렇다는 뜻일세. 하지만 그렇다고 하여 삼이 모든 체질의 사람에게 다 좋다는 뜻은 아니고 특히 극양(極陽)의 체질이나 장열(腸熱)이 있는 사람 등은 복용 시 주의해야 하네."

본초학이나 현대의학에 관해 전문 지식이 없는 나로서는 그의 말이 맞는지 틀리는지 정확히 알 수는 없었다. 하지만 나는 이제 그가 무슨 말을 하건 그의 말을 마치 절대의 진리처럼 듣고 있음을 느꼈다. 내 마음속에는 이미 그에 대한 존경심을 넘어 일종의 신앙심 같은 것이 자리 잡아가고 있었던 것이다.

의문
_원초적 물음

한낮이 되자 비가 추적추적 내리기 시작했다.
나는 그와 함께 암자 마당에 널어 말리던 각종 약재며 채소들을 주섬주섬 거둬 들였다.
그는 '날씨가 궂어 오늘은 운동도 못 나갈 것 같다.'고 했다.

마침 나도 오늘부터는 그동안 내가 몹시 궁금하게 여겨왔던 많은 것들에 대해 그에게 본격적으로 물어볼 요량이었는데 잘 되었다 싶었다.

나는 20대 초반부터 지금까지 줄곧 마음속에 스스로의 힘으로는 도저히 풀 수 없는 의문 몇 가지를 지닌 채 살아 왔었다.

그 가장 중요한 의문 중 하나가 바로 내 존재의 내력에 대한 것이었다.

쉽게 말하면 '나를 포함한 모든 인간은 어떻게 하여 세상에 태어났는가?' 하는 의문이었다. 즉, 어떤 신(神)에 의한 운명적 출생인가? 아니면 그저 다른 동물들과 마찬가지로 단순 자연발생적인 존재인가? 하는 바로 그 점이었다.

해답은 분명 이 두 가지 중 어느 한 가지에 있을진대, 그것을 어느 한쪽으로 명확히 단정 짓기 어려웠다.

나는 이러한 의문을 반드시 풀어야만 나의 존재가 무엇인지를 알고 또한 내가 앞으로 무엇을 위해 어떻게 살아야 할지 근본적 삶의 목표와 방식을 정할 수 있을 것 같았다.

그리고 이러한 의문을 풀기 위해선 또 순서적으로 반드시 앞서 풀어야 할 의문이 있었다.

그것은 바로 '세상에 신은 과연 존재하는가' 하는 의문과 '우주는 어떻게 창조되었는가' 하는 두 가지 의문이었다.

이 두 가지에 대한 의문을 풀지 않고서는 내가 어떻게 하여 세상에 태어났는지에 대한 의문 역시 답을 얻을 수 없음은 당연한 것이었다.

나는 이러한 의문을 해소하기 위해 그동안 나름대로 적지 않은 노력을 해 왔었다.

주변의 여러 사람들을 만나 그에 관해 오랜 시간 대화도 나눠 보고 또한 틈틈이 많은 책들을 찾아 읽기도 했었다.

하지만 그러한 의문을 해소하기에는 역부족이었다. 아니, 오히려 그에 관해 알려고 하면 할수록 혼란만 더해 갔다.

이를테면 창조론과 진화론 즉, 유신론과 무신론 같은 서로 모순되고 상반되는 주장과 이론의 틈바구니에서 내 머리 속은 점점 더 헷갈리기만 했다.

또한 내가 궁금해 하는 의문들은 일면 너무 순진하고 유치한 듯 여겨질 수도 있겠지만, 그것은 어쩌면 사람이 사는데 있어 가장 중요하고 또 가장 근본적인 문제가 될 수도 있을 터임에도 어인 까닭인지 대부분의 사람들은 그런 쪽에 대해서는 별로 관심을 가지지 않았을 뿐만 아니라 그 방면으로 깊이 있는 지식을 가진 이들 역시 찾아보기 힘들었다.

더러 제법 명성이 있다는 문인이나 철학가들을 만나 얘기를 나누어 봐도 그들 역시 그런 문제에 대해서는 오히려 나만큼도 알지 못하고 있는 경우가 대부분이었다.

책을 읽어봐도 마찬가지였다. 세상엔 나의 그러한 의문들을 주제로 다룬 책이 제법 있긴 했지만, 그 어떤 책도 내 궁금증을 속 시원히 풀어주기에는 턱없이 부족했다.

그저 부분적으로 다소 공감 가는 내용들이 포함되어 있을 뿐 내가 진짜 알고자하는 문제에 대해서는 이렇다 할 해답이나 결론이 전혀 들어있질 않았으며 또한 그 주장이나 이론에 있어서도 금방 논리의 모순이 드러났다.

특히 내가 지닌 여러 가지 의문들 중 현실에서 끊임없이 나를 절박하게 옥죄어 오는 의문이란 '인간은 과연 무엇을 추구하며 어떻게 사는 것이 가장 가치 있고 올바른 삶의 방식인가?' 하는 것이었다. 이는 비단 나 개인적 삶에 관한 것뿐만이 아니라 모든 인류의 삶의 자세와 방식에 대한 근본적 의문이기도 했다.

그러나 이 역시 앞서 말한 것처럼 나 자신이 어떻게 태어났는지, 자신의 삶의 의미는 무엇인지, 나는 왜 살아야만 하는 것인지, 그 내력과 정체, 삶의 당위성을 알아야만 해답이 가능한 것일진대 그에 대한 지식과 확신이 없으니 나의 사는 일 역시 우왕좌왕의 연속일 수밖에 없었다.

하여, 나는 평소 사업이랍시고 하면서도 그러한 내 삶의 행위에 대해 근본적인 의미와 가치를 발견하지 못함으로써 마음속에는 늘 짙은 회의가 자리해 있었으며, 그러다 보니 자연 매사에 열성과 적극성을 가지기 어려웠다.

그리하여 마음의 방황과 갈등은 계속되었고, 그저 되는 대로 생활하게 됨은 물론 언행에 있어서도 일관성을 유지하기 힘들었다. 낮에 여러 사람들을 만나 식사를 하고 떠들고 즐기다가도 저녁에 집에 돌아오면 역시 고뇌에 찬 시간을 보내야 했고, 때론 현실에서의 내 모든 작위(作爲)들이 더 없이 부질없게만 느껴지고, 인간이 무엇을 위해 이렇듯 아등바등 살아야만 하는 것인가? 하는 삶 자체에 대한 회의에 빠지기도 했다.

그것은 세칭 허무주의와는 전혀 다른 것이었다. 굳이 명분을 갖다 붙이자면 본질적 탐구주의라고나 할까? 이를테면 나의 모든 고민과 번뇌는 오직 삶의 본질적 의미와 가치를 찾고자 하는 데서 비롯된 것이었다.

아무튼 나는 오늘부터 그에게 내가 40년 가까이 살면서 혼자 끌어안고 고민해 왔던 삶의 제반 문제들에 대해 본격적으로 한 가지씩 물어볼 생각을 하니 마음이 다소 들뜨고 흥분됨을 느꼈다.

최소한 그라면 지금껏 내가 고민해 온 삶의 모든 의문들에 대해 속 시원한 대답을 해 줄 것이란 기대와 믿음 같은 것이 있었기 때문이었다.

신적 존재
_ 신령의 세계

나는 그와 암자의 툇마루에 걸터앉아 그가 틈틈이 산에서 채취한 황기며 시호며 갈근, 산작약 같은 약초들을 손질했다.

그는 그것들을 가끔씩 약재상에 내다 팔아 생필품들을 구입하기도 하고, 자신의 의약실험에 사용하기도 한다고 했다.

추적추적 내리는 빗소리를 들으며 그와 함께 한가로이 암자 툇마루에 걸터앉아 약초들을 다듬고 있노라니, 나는 문득 어릴 적 어머니와 함께 사랑채에 앉아 울콩을 까던 기억이 잠시 떠올랐다.

어머니는 매년 봄이면 울타리 아래에 촘촘히 울콩들을 심었고,

그것들이 다 자란 비 오는 여름날이면 어머니는 울콩들을 한 바구니 가득 따 가지고 오셔서 나와 사랑채에 이마를 맞대고 앉아 도란도란 얘기를 나누며 오래도록 울콩 껍질을 까곤 했었다.
돌이켜보면 아마도 내 삶에서 가장 따뜻하고 행복했던 시절이 바로 그 시절이 아니었나 싶었다.
나는 이제 그에게 본격적인 질문을 시작하기로 했다.
"선생님. 오늘은 제가 그동안 살면서 몹시 궁금했던 것들에 대해 이런저런 말씀을 여쭙고자 합니다."
내가 운을 떼자 그는 약간 장난기 어린 표정으로 대꾸했다.
"뭐가 또 그리 궁금한가? 하긴, 아는 것이 없으면 궁금한 것이라도 있어야 하지. 뭐든 물어보게. 아는 대로 대답해 줌세."
나는 우선 어젯밤 내내 내 마음속에서 정리한 것들을 순서대로 하나씩 물어보기로 했다. 그리고 가장 먼저 세상에 과연 신(神)이 존재하는지 그것부터 물어보고 싶었다.
"선생님. 세상 사람들이 흔히 말하는 신이란 과연 실재하는 것입니까?"
내 질문이 다소 느닷없었던지 그는 잠시 내 얼굴을 뻔히 쳐다보더니 이윽고 무심한 말투로 한 마디 툭 던지듯 대꾸했다.
"신이란 있다고 믿는 사람들에겐 있는 것이고, 없다고 믿는 이들에겐 없는 것일세."
그러나 역시 그저 흔하고 평범하고 무난하고 애매모호한 그런 대답이었다.
"그럼 선생님께서는 신이 있다고 생각하십니까? 없다고 생각하십니까?"

내가 마치 추궁하듯 되묻자 그가 대답했다.

"나는 없다고 생각하네!"

"예?"

그의 대답이 너무도 간결명료하고 단호하여 내가 잠시 의아한 표정을 지어 보이자 그는 다시 말을 이었다.

"세상에 귀신 따위는 존재하지 않는단 말일세. 그것은 단순히 사람들이 지어낸 허구의 이야기며, 그런 얘기들을 믿는 이들 또한 모두 어리석은 사람들일 뿐일세. 동서고금을 막론하여 우주만물의 이치에 통달한 진짜 현인들 치고 귀신의 존재를 믿었던 사람은 단 한사람도 없었네."

"어찌 그렇듯 쉽게 단언할 수가 있습니까? 현재만 해도 세계 인류 중 절반 이상이 신의 존재를 믿는 종교인들 아닙니까?"

나의 반문에 그는 다소 질책하는 듯한 투로 말을 이었다.

"자네는 무엇이든 거기에 동조하는 사람들의 숫자만 많다고 하여 그것이 꼭 절대의 진리인줄 아는가? 그것은 오히려 세상에는 어리석은 사람들이 그만큼 많다는 반증일 수도 있네. 그리고 그 문제에 대하여 난들 쉽게 단정을 내린다고 보는가? 나 역시 사람들의 그런 허황된 말에 속아 이른바 신의 존재여부 따위에 대해 이미 젊은 시절부터 참으로 많은 고민을 하고 나름의 궁리를 거듭해 왔었네. 그러던 중 잠시 불문(佛門)에 들게 되었고, 거기에서 부처님 말씀을 공부하고 나서야 비로소 세상에 신이란 결코 존재하지 않는다는 사실을 확실히 깨닫게 되었네. 그러한 이치를 깨달은 이후부터 나는 전혀 있지도 않은, 소위 신의 존재를 빙자하여 혹세무민을 일삼고 있는 세상의 사이비 종교인들과 무속인들을 더없이 혐오하고 경멸하게 되었지. 그들의 행위는 결과적으로 세상 사람들의 마음속에 신이라는 허상의 관념을 심어주어 일반 대중들이 우주만물의 본질적 이치를 깨닫거나 각자의 올바른 인생관, 가치관을 정립하는데 있어 엄청난 혼란을 겪게 만드는 일종의 범죄행위와도 같다고 할 수 있을 것이네. 지금 이 순간도 그들의 거짓된 이야기들에 속아 젊은 시절의 나처럼 얼마나 많은 사람들이 전혀 불필요한 정신적 혼란 속에서 번민하고 있을까 생각하면 정말 화가 치밀어 견디기 어려울 지경일세."

말을 잇고 있는 그의 모습에서 몹시 격앙된 분노의 열기가 뿜어져 나와 나는 잠시 질문을 멈추어야 했다.

이치
_ 있음과 없음의 개념

나는 그의 흥분이 조금 가라앉기를 기다린 뒤 다시 물었다.
"그럼 선생님께서는 신이 결코 존재하지 않는다고 단정하시는 무슨 특별한 근거라도 있는 것입니까?"
"없는 것을 없다고 하는데 무슨 근거가 필요한가?"
그가 다소 퉁명스럽게 대답했다.
"예? 그래도 없다고 확신하시는 이유 같은 것이 있을 것 아닙니까?"

"자네는 신이 있다고 생각하는가? 그럼 신이 있다고 생각하는 타당한 이유와 근거를 한번 말해보게."

"……."

내가 대답을 못하고 머뭇거리자 그가 다시 말을 이었다.

"이보게. '없다'는 것은 결국 무엇인가? 그것은 무엇이든 '있음'이 증명되지 않고, '있음'을 증명할 수 없을 때 쓰는 말 아니겠나? 여기에 더 이상 어떤 이유와 근거가 필요하겠는가? 하지만 이와 반대로 만일 '없음'을 증명할 수 없다 하여 '있음'을 주장한다면 세상엔 그야말로 없는 것이 없게 되므로 이는 순전히 억지논리에 지나지 않는 것 아니겠나?"

"하지만 사람의 눈으로 확인할 수 없다 하여 그것을 전혀 없는 것이라고 규정한다는 것은 지나친 속단이 아닐런지요?"

나는 아무래도 그의 너무 간략한 설명과 논리가 다소 미진한 듯 느껴져 조심스레 다시 물었다.

"눈앞에 드러나는 명백한 사실과 이치는 믿고 따르지 아니하면서 눈에 보이지도 않는 애매한 논리와 모호한 사실에는 더 혹하는 바로 그런 마음이 인간의 어리석음이라는 것일세. 또한 신이 있는 것과 있다고 믿는 것과는 엄연히 다른 문제이기도 한 것이고……."

그의 말끝에 나는 또 문득 언젠가 교회에 다니는 친구로부터 얻어들은 말이 생각나 한마디 덧붙였다.

"선생님. 예를 들어 어머니의 사랑이나 사람의 그림자 같은 것은 비록 그 실체적 형상이 없음에도 우리가 그것을 존재하지 않는다고 말할 수 없는 것 아닙니까?"

"자네 지금 나하고 말장난하자는 것인가? 그런 것하고 신의 존재 여부하고 본질적으로 어떻게 같을 수가 있고 또한 그런 논리와 비유가 자네는 이치에 합당하다고 생각하는가? 백 번 양보해 자네 말에 다소 일리가 있다고 가정해 보세. 어머니의 사랑이란 구체적 행동이나 표현으로 나타나기에 누구나 느낄 수 있는 것이며, 그림자 역시 손에 잡히지는 않지만 모든 사람들 눈에 엄연히 보이는 것 아니겠나? 그러니 존재한다고 표현해도 이치에 틀린 말은 아니지. 그러나 신의 존재란 눈에 보이지도 손에 잡히지도 않으며, 객관적으로 느낄 수도 없는 것 아닌가? 또한 사람들이 신의 존재를 믿는다는 것은 그 존재의 어떤 영향력을 믿는다는 뜻인데 그것이 단지, 그림자와 같이 그저 형상으로만 존재하는 것일 뿐 스스로 아무런 작용도 역할도 못하는 것이라면 설령 신으로서 존재한다한들 무슨 의미와 가치가 있겠는가? 그야말로 마치 하나의 나무 작대기나 바위 덩어리만도 못한 있으나 마나한 존재가 아닌가 말일세. 그리고 가만 듣자하니 방금 자네가 한 말은 자네가 직접 지어낸 말은 아닌 것 같고, 분명 어디서 얻어들은 말 같은데, 그런 식의 궤변은 언뜻 들을 땐 다소 그럴싸하게 들릴지 모르겠지만, 문제의 본질을 크게 흐리는 말로써 세상 사람들을 현혹시키기 딱 십상인 것이네. 말에서 아주 요사스러움이 느껴져 내가 이렇듯 역정을 내는 것일세."

그의 단호한 질책에 나름대로 무언가 그럴듯한 반론을 제기하려고 했던 나는 몹시 무안해져 버렸다.

그가 다시 말을 이었다.

"실은 거기에 대해선 더 이상 설명할 필요조차 없는 것이긴 하지만, 자네가 아직도 영 못 미더워하는 눈치니 내 아주 알아듣기 쉽게 한 마디만 덧붙임세. 예를 들어 만에 하나 세상 사람들이 흔히 말하는 전지전능한 신이 존재한다고 가정해 보세. 그리고 천국과 지옥이 있고, 선악에 대한 인과가 있다고 가정해 보세. 그렇다면 그 자체가 이미 불완전한 논리이며 모순된 이치가 아니겠는가? 즉, 신이 그처럼 전지전능하다면 사후엔 천국만 있게 하면 되고, 세상엔 착한 사람들만 살도록 하면 되는 것이지, 거기에 지옥이나 악함이 왜 필요하고 무엇 때문에 따로 존재해야한단 말인가? 또한 세상만물이 모두 신의 의지와 섭리에 따라 창조되고 존재하고 움직이는 것이라면 인간의 선악에 대한 행위 역시 궁극적으로는 모두 신의 뜻에 의한 것이니 만큼 이를 굳이 옳다 그르다, 나쁘다 좋다 할 이유도 없는 것 아니겠는가. 이는 정말 도무지 이치에 안 맞는 건 고사하고라도 아예 말이 안 되지 않은가 말일세. 따라서 세상은 신의 존재를 인정하는 순간 온갖 이치의 혼돈 속으로 빠져들게 되는 것이네. 최소한의 판단력과 문제의식을 가진 사람이라면 신의 존재를 믿고 싶어도 이런 이치의 부당함 때문에 도저히 믿을 수가 없는 것이지. 막말로 아무리 거짓부렁이라도 어느 정도 앞뒤의 정황과 논리가 대충은 맞아 떨어져야 그 말을 들어도 듣고 믿어도 믿을 것 아니겠는가. 다만, 세상에서 신의 존재를 믿는 사람들은 좀 좋게 표현하자면 너무 순진한 사람들이고, 보다 정확히 표현하면 무언가에 자기 자신을 의탁하려는 마음을 가진 나약한 사람들이거나 또는 지능적으로 매우 어리석은 사람들이라 해도 과히 틀리지 않네. 아무튼 세상 사람들은 흔히 전지전능한 신이 어리석은 인간을 만들었다고 말하지만, 실은 어리석은 인간들이 전지전능한 신을 만든 것일 뿐이네."
"그럼 신이 존재할 가능성까지 전혀 없다고 보시는지요?"
나는 그의 열변에 한발 물러서며 다시 물었다.
"세상에 가능성이 전혀 없는 일이란 없네. 단지, 그 확률이 문제인 것이지. 그러나 신이 존재할 가능성의 확률은 지금까지의 세상 모든 정황과 이치에 비추어 볼 때 마치 하늘이 변해 땅이 되고 땅이 변해 하늘이 될 가능성의 확률만큼이나 극히 낮은 것이네. 왜냐하면 수천, 수만 년의 인류역사 이래 신의 존재가 아직까지 단 한 번도 객관적으로 증명되지 않았다면 이는 결국 없다는 것 아니겠는가."
말을 멈춘 그가 잠시 스산한 표정을 짓더니 다시 입을 열었다.
"자네와 내가 신의 존재여부와 같은 전혀 허무맹랑한 문제를 가지고 왜 이렇듯 유치하고 한심한 논란을 서로 벌여야 하는지 그 원인과 이유를 알겠는가? 그것은 바로 고대로부터 못된 종교인, 무속인들이 세상 사람들에게 온갖 거짓부렁을 통해 끼친 정신적 해악이 그만큼 심각하고 크기 때문일세. 자네 역시 오랜 세월 동안 그들의 거짓부렁에 거의 무의식적으로 세뇌당해 온 탓에 신의 존재 여부에 대해 이치적으로 끝없이 회의를 하면서도 아직까지 그것을 완전히 부정하지 못하고 있는 것일세. 한번 생각해 보게. 그들의 논리대로라면 세상에는 이른바 전설 속의 용(龍)이나 이

무기, 그리고 온갖 괴물들 역시 다 존재한다는 주장까지 인정할 수밖에 없는 한심한 상황이 벌어질 것 아니겠는가?. 자네는 머리에 뿔이 달리고 여의주를 입에 문 용이 실제로 존재하지 않는다는 것을 어떻게 증명할 수 있겠는가? 그리고 그런 용이 존재하지 않는다는 것을 증명해내지 못한다 하여 용이 있다거나 또는 있을 수도 있다고 생각하는가? 그것은 실제 용이 있고 없고를 따져 판단할 문제가 아니라 막말로 자네의 사리분별력이 정상이냐, 아니냐에 따라 결정할 문제인 것일세. 신의 존재유무를 가리는 것 또한 이와 결코 다르다고 말 할 수 없는 것이네. 아무튼 이제 그런 말할 가치도 없는 허황된 얘기는 그만 하세."

나는 그의 말을 들으며, 그 역시 나와 마찬가지로 젊은 시절 한때는 이른 바 신의 존재여부를 규명키 위해 지독히도 많은 고민을 했었음을 짐작할 수 있었다.

또한 그의 말처럼 신이란 정말로 존재치 않는 것이라면 공연히 그런 허황된 거짓말을 늘어놓아 수많은 사람들로 하여금 오랜 세월 쓸데없는 혼란과 고민에 빠져들게 한 사람들이야말로 정말 용서받기 힘든 사람들이란 생각이 들었다.

하지만 나는 신의 존재에 대해 단호히 부정하는 그의 말을 듣고 나서도 일면 그 논리에 수긍은 가지만 끝내 신이 존재치 않는다는 확신을 마음속으로 가질 수는 없었다. 그것은 아마도 내 마음 속에 신이 존재하기를 애써 바라는 일종의 의타심, 기대심리 같은 것이 깊이 자리해 있었기 때문이 아니었나 싶었다. 아무튼 나는 신의 존재여부에 대한 규명은 나중에 기회를 보아 좀더 차분히 재

정리하기로 하고 일단 질문을 약간 다른 쪽으로 돌리기로 했다.

방편설
_ 허황된 이야기

"선생님께서는 신의 존재를 전적으로 부정하시는데, 그렇다면 종교에 대해서도 인정치 않으시는 건가요?"
나는 다소 불편해져 있는 듯한 그의 심기를 건드릴까 조심스레 다시 질문을 시작했다.
"그게 서로 무슨 상관인데?"
"예?"
"신이 존재하는 것하고 종교하고 무슨 상관이냐고?"
"기독교든 불교든 모든 종교는 신의 숭배가 기본이지 않습니까?"
"그건 자네가 잘못 알고 있는 걸세. 속된 말로 무당 패거리들도 아닌, 최소한 명색이 종교라면 신 같은 것 따위는 결코 숭배하지 말아야지."
내가 다소 의아한 표정을 짓자 그가 다시 말을 이었다.
"자네 종교의 근본 목적이 뭔지 아는가? 그것은 바로 중생들로 하여금 우주만물의 본질과 세상사의 이치를 바르게 깨닫도록 도와주고 알려주는 것일세. 그래서 으뜸 된 가르침이란 뜻으로 '종교(宗敎)'라는 명칭을 사용하는 것이고. 하물며 그러한 곳에서 전혀 그 존재를 증명할 수도 없는 신 같은 것을 숭배하고 거론한데서야 말이 되겠는가?"
"이치적으로야 선생님 말씀이 맞는 것 같습니다만, 그러나 현대 종교들 치고 신을 숭배하지 않는 종교가 어디 있겠습니까?"
내가 물러서지 않고 다시 되물었다.
"그것이 바로 종교가 중생선도(衆生善導)를 하는 과정에서 저지르게 된 큰 실수이자 폐해라 할 수 있네. 원래 종교의 목적과 역할이란 중생들에게 우주만물의 참지식을 깨우쳐 주는 근본 목적 외에도 나아가 그들의 동물적 성정을 보다 선하고 순하게 교화시켜 인간세상의 평화와 행복을 추구하도록 해주는 데에 있는 것이네. 그러나 불교든 기독교든 마찬가지로 그런 선도 및 교화의 방식이 애초부터 잘못 길들여지고 잘못 전해지다 보니 결과적으로 여러 가지 문제점과 부작용이 나타나게 된 것일세."
내가 쉬 이해가 안간다는 듯한 표정을 지어 보이자 그는 설명을 계속했다.
"자네도 흔히 천당이니, 극락이니, 윤회니, 영생, 복록이니 하는 따위의 말들을 수없이 들어 봤겠지만, 실은 그 모두가 이를테면 어리석은 중생들을 꼬이기 위해 지어낸 한낱 거짓부렁에 지나지 않는 것이네. 불교에서는 그런 것을 일컬어 이른바 방편설(方便說)이라고 하지. 예를 들면 착한 일을 많이 한 아이들에게 선물을 나눠준다는 산타클로스의 이야기와도 같은 것이라는 뜻일세. 또한 종교에서 말하는 그 이외의 온갖 신비주의적 가설들도 이와 전혀 다를 것이 없네. 진짜 천당이 있고 극락이 있고 또 선인(善人)들에게는 하늘에서 복을 내려주는 것이 아니라 중생들이 하도 어리석다 보니 그렇게라도 꼬여서 심성을 교화시키려 한 것이다 이 말일세. 그런데 참으로 웃기는 것은 중생들 대부분이 본래의 종교적 가르침에는 오히려 관심도 없고 오직 그런 사탕발림식 거짓부렁에만 너무도 쉽게 혹한다는 점일세. 요즘은 어린 아이들도 이미 열 살 정도만 넘으면 산타클로스이야기 같은 것은 다 거짓말이란 걸 알고 있지 않는가? 그런데도 일반 중생들은 늙어 죽을 때까지 그것을 못 깨달은 채 평생 그런 거짓부렁에 속아 오직 자신의 기복(祈福)만을 위해 헛된 종교생활을 하는 사람들이 거의 전부라는 것이네. 거기다 더욱 가관인 것은 요즘 대부분의 종교인들 역시 그런 방편설을 자기네들조차도 진짜인줄로 믿고 이를 또액면 그대로 대중들에게 전파하고 있다는 점일세. 참으로 어이없는 일이 아닐 수 없지."

그는 잠시 숨을 고르더니 계속해서 술술 얘기를 이어 나갔다.

"그리고 한 가지 더 기막힌 사실은 그것이 단순 거짓부렁이라는 것을 알고 있는 일부 양식 있는 종교인들조차도 이젠 그런 방편설을 끝까지 사실인 양 우기고 숨길 수밖에 없는 딱한 처지에 놓여 있다는 점이네. 왜냐하면 대부분의 종교에서 하도 오랜 세월동안 그런 사탕발림식 전도 및 포교활동을 통해 신도들을 끌어 모으고 설교, 설법을 해 오다보니 이제는 그것이 거짓말이라는 걸 스스로 밝힐 수도 없는 진퇴양난의 입장에 처하게 된 것이다 이 말일세. 자네도 한번 생각해보면 알겠지만 일반 신도들의 경우 순전히 자신들의 기복에만 관심이 있을 뿐 스스로 마음을 수양하고 우주만물의 이치를 깨닫고자 종교를 믿는 이들이 과연 몇이나 되겠는가? 그러다 보니 그것을 거짓부렁이라 공표할 경우 교회든 사찰이든 일시에 문을 닫아야 할 상황이 되어버리는 것은 불 보듯 뻔한 이치 아니겠는가? 따라서 이젠 정말 속된 말로 빼도 박도 못하는 지경에 처하게 되었다 이런 말일세. 또한 작금의 세태가 세태인 만큼 일부 양식 있는 종교인들 중에서도 누구 한 사람 용기 있게 선뜻 나서 이를 제대로 밝히거나 바로잡고자 노력하는 사람들도 없고……. 아무튼 이것이 요즘 각 종교들의 숨김없는 실상인 것이네."

내가 잠자코 듣고만 있자 그는 계속 말을 이었다.

"그리고 아까 말했던 신의 존재 또한 단순히 이런 방편설의 용도로 만들어진 허구의 이야기라고 보면 결코 틀리지 않을 것이네. 다만, 그것이 하 오랜 세월 끊임없이 과장되고 각색되어오다 보니 오늘날엔 그야말로 신이 실재하느냐, 안 하느냐 하는 문제로 세상 각처에서 부질없는 논란까지 벌어지는 지경에 이르게 되었지만……, 아무튼 생각해보면 이 또한 정말 얼마나 어리석고 한심하고 웃기는 일인가 말일세. 애당초 거짓부렁 속에 나오는 이를테면 산타클로스와 같은 허상의 존재에 대해 그것이 실재하느냐, 않느냐로 심각한 학술적 논쟁까지 벌어지고 있는 이런 세속의 상황이란 말 그대로 포복절도할 만한 한 편의 희극이 아니고 무엇이겠는가?"

"선생님도 불자(佛子)이지 않습니까? 그런데도 어찌 그리 종교에 대해서 가차 없이 비하만 하시는 것입니까?"

나는 그가 종교에 대해 너무 지나치게 폄하하는 듯 여겨져 되물었다.

"이보게. 나는 종교를 비하하는 것이 아니라 현 실상을 조금의 과장도 없이 있는 그대로 말하는 것일 뿐이네. 또한 내가 신의 존재를 부정한다고 하여 종교의 필요성까지 부정하는 것도 아니고. 다만, 모든 종교의 기본 교리와 신도 교화의 방식이 완전히 신비주의적으로만 치우친 것이 큰 문제라는 얘기일세. 나도 사실 불교의 교리를 어느 정도 따르고는 있지만, 그것은 내가 어떤 윤회설이나 극락왕생설 같은 신령(神靈)의 세계와 존재를 믿어서가 아니라 단지, 석가 생전 그 자비와 진리의 말씀, 그리고 치열한 구도 정신 등을 높이 평가하고 경모(敬慕)하기 때문일세. 이는 마치 유림의 선비들이 공자님 말씀을 추앙하여 사후에도 그를 받드는 것과 비슷한 차원이라는 얘기지."

내가 아무 말을 못하자 그는 설명을 이어갔다.

"사실 말이 나왔으니 말이지만, 그나마 세상에서 종교 본래의 위치에서 크게 벗어나지 않은 곳이 있다면 바로 유교라고 할 수 있네. 그런데도 유교는 오히려 세상 사람들로부터 종교로 인정을 못 받고 있네. 신을 숭배하지 않기 때문이지. 따라서 이는 세인들의 종교에 대한 인식이 그만큼 잘못되어 있다는 반증일세. 그 외 나머지 종교집단들은 어느 곳이든 사실 진정한 종교가 아닐세. 거의 전부가 어리석은 중생들이 모여 아프리카 원시인들처럼 푸닥거리나 하는 한심한 수준의 집단일 뿐이지."

"선생님. 그럼 기독교와 불교의 경전에 적힌 그 여러 가지 신비주의적 교리나 신화들도 다 예수나 석가가 어리석은 중생들을 꼬이기 위해 이른바 방편설의 일환으로 지어낸 것이란 말입니까?"

나는 마치 따지듯 그에게 되물었다.

"자네는 여태 성경이나 불경에 적힌 그런 근거 없는 말들이 모두 예수나 석가가 직접 한 말로 알고 있었단 말인가? 그것은 그들 사후에 수많은 신도와 제자들에 의해 대부분 윤색되고 덧붙여진 것들이네. 그 중에 진짜 예수나 석가가 한 말이 과연 얼마나 될지는 아무도 알 수 없네. 그리고 각 종교에서 자신들이 숭배하는 신이 마치 엄청난 신통력이라도 지니고 행한 양 자랑들을 하는데 이 역시 웃기는 얘기일세. 이른바 앉은뱅이를 걷게 하고, 소경을 눈뜨게 하고, 굶주린 사람들을 배불리 먹게 하고 어쩌고 했다는 등의 신화 말일세. 자네도 한번 생각해보게. 이런 설화들이 설령 사실이라 해도 그 정도야 현대인들의 의학, 과학, 경제능력으로도 얼마든 가능한 일 아니겠는가? 요즘은 심지어 핵융합기술로 인공태양을 만들려 하고, 로켓을 타고 수천만 킬로미터 밖의 행성을 오가는 시대일세. 오히려 현대과학문명 기술수준에 비추어 볼 땐 과거 그들의 신이 행하였다는 능력이야말로 어린애들 장난 정도에 불과한 것 아니겠는가?"

나는 그가 너무도 쉽게, 그리고 거침없이 토해내는 말들을 들으며 갑자기 머릿속이 크게 혼란스러워 짐을 느꼈다. 그의 말은 내가 그동안 알고 있던 종교상식은 물론 세상의 기존 이론들을 마구 뒤흔드는 매우 생경하고 파격적인 내용들이 대부분이었기 때문이었다.

하지만 나는 그의 말에 쉬 반론이나 이론을 제기할 수 없었다. 그러기엔 내 앎의 수준이 아직 너무 좁고 얕았고, 그의 말 역시 일면 일리가 있다고 여겨졌기 때문이었다.

실상
_ 알지만 말할 수 없는

내가 다시 물었다.
"그럼 선생님의 말씀처럼 세상에는 정말 신도 없고 또한 모든 종교에서 말하는 그런 신비주의적인 현상들도 전혀 존재치 않는 것이 확실하다면 만천하에 그러한 내용들이 공개적으로 천명되어야 하는 것 아니겠습니까?"
내 말이 끝나기 바쁘게 그가 대답했다.
"바로 그 점이 선지자들이 특히 고민하는 점일세. 만일 어느 순간 갑자기 그런 허황된 신비주의를 일체 배격하고 부정했을 경우 그것이 과연 인류사회에 이로울 것인가, 해로울 것인가 하는 것을 예상해 볼 때 현재 인류의 지적, 정서적 수준과 현실정황 등으로 미루어 오히려 후자 쪽에 더 가까울 것이라는 판단들을 하기 때문이네. 왜냐하면 종교에서 비록 가설로나마 신의 존재를 내세워 현세는 물론 내세에 이르기까지 인간행위의 선악에 대한 인과(因果) 법칙이 존재한다는 것을 대중들에게 부단히 주지시킬 경우 이른바 권선징악이라는 사회질서 유지의 목적을 이루는데 상당한 효과를 얻을 수 있기 때문일세. 또한 대중들도 자신들의 나약한 의지를 추슬러 무언가 희망을 가지고 열심히 살도록 하는 데에 적잖이 도움을 줄 수 있기 때문이네."
내가 다소 놀란 표정으로 듣고 있자 그가 계속 말을 이었다.
"물론 종교인들의 그런 논리주장이 좋은 목적을 위한 선의의 거짓말이라고는 하나 순전히 꾸며낸 이야기를 가지고 마치 사실인 양 대중을 현혹하는 행위는 분명 바람직하지 못한 일이네. 또 그런 옳지 못한 수단을 남용함으로써 발생하는 사회적 부작용과 폐해 역시 실로 크다고 할 수 있네. 이는 자칫하면 일부 이지적인 사람들에게 논리의 모순에서 비롯되는 정신적 혼란을 줄 수도 있고 또한 대다수 어리석은 중생들에게는 평생 만물의 본질을 깨닫지 못하게 하고 허상에만 집착해 살게 할 수도 있는 일이기 때문일세. 실은 나 역시 젊은 시절 한 때 그런 허구의 이야기들에 속아 정신적으로 많은 방황과 혼란을 겪었던 사람이네. 요즘도 그 시절만 생각하면 화가 치밀어 오르지만 앞서 말했듯 그런 방편설에 대한 순기능과 긍정적 측면을 부인할 수 없기에 단지, 이해하는 것 뿐일세."

"그럼 종교 내부적으로는 그러한 내용들이 다 허구라는 사실을 인정하거나 또는 알고 있는 사람들이 많이 있습니까?"

"비단 종교 내부인들 뿐만 아니라 이치에 밝은 세상 지식인들도 다 알고 있는 사실이네. 그것은 최소한의 사리를 분별할 수 있는 능력만 갖춘 사람이라면 누구나 쉽게 짐작하고 알 수 있는 문제이기 때문이지. 단지, 그들이 침묵하는 것은 신의 존재를 믿거나 안 믿는 것은 각자 사고의 자유에 관한 문제이기도 할 뿐더러 또 일면 모든 인간들이 신의 존재를 부정하고 사는 것보다 신의 존재를 믿으며 사는 것이 앞서 말했듯 개인과 사회발전에 더 도움이 될 수도 있기 때문이네."

내가 다시 물었다.

"그렇지만 진짜 없는 것이라면 없다고 말하는 것이 옳은 일 아니겠습니까?"

"이 사람아. 신이 없다고 말 해본들 상대가 끝까지 있다고 주장하며 '없는 것을 증명해 보라'는 식으로 달려들면 결국 입만 아프게 될 노릇 아니겠는가? 자네 한번 생각해 보게. 무엇이든 있는 것을 내보여야지, 없는 것을 어떻게 내보이고 증명하느냔 말일세. 이는 참으로 무지와 억지의 극치라 아니 할 수 없는 일이네."

"그럼 종교인들조차도 정작 자신들은 신의 존재를 믿지 않으면서 신도들에게는 신이 존재한다고 거짓말을 한다는 말씀이군요."

"종교인들 중에서도 스스로 신의 존재를 믿는 사람들도 있겠지. 그러나 최소한 불교의 경우 계(戒)를 받고 수행을 게을리 하지 않은 승려라면 이는 이미 거의 다 깨달아 알고 있는 사실이며 또한 중아함경(中阿含經)에도 보면 부처 역시 생전에 신령의 존재나 세계에 대해서는 전혀 인정치 않았단 말일세."

나는 그의 말을 들으며 상당한 충격을 느껴야 했다.

그의 말이 사실이라면 나는 그동안 순전히 종교인들의 거짓말에 속아 몇십 년 동안을 그렇듯 정신적으로 심한 혼란과 방황을 겪어왔던 셈이었다.

나는 그의 말에 대한 이치의 타당성과 그의 말로 인한 내 생각의 변화와 느낌 등에 대해서는 앞으로 별도의 시간을 갖고 재정리하기로 마음먹었다.

왜냐하면 그가 내게 설명한 말들은 적잖이 새롭고 충격적이어서 내가 쉽게 소화하고 정리하기란 그만큼 어려웠기 때문이었다.

따라서 나는 일단 그와 함께 지내는 시간동안 만큼은 그를 통해 무슨 말이든 최대한 많이 듣고 싶었다.

이는 나의 속된 지적 호기심이라고 표현하기보다는 일종의 지적 갈증이라고 표현해야 옳았다. 나는 그만큼 참된 앎에 목말라 있었고, 인생의 수많은 의문으로 고민하고 있었으며, 무엇하나 세상 이치를 제대로 깨닫지 못하고 있었던 것이다.

그러나 나는 이른바 신령(神靈)의 존재여부와 관련하여 지금까지 그에게서 들은 얘기만으로 그것을 전면 부정하기에는 아무래도 약간의 아쉬움이 남는 것 같고 또한 그의 얘기가 다소 미진하게 느껴졌던 부분도 전혀 없지 않은 것 같아 마지막으로 그에게 한 가지만 더 물어보고자 다시 말을 꺼냈다.

"선생님. 정말 선생님의 말씀처럼 신령의 세계가 존재하지 않는다면 그동안 세상에 널리 알려진 각종 신비스런 영적 현상들에 대해서는 어떻게 이해를 해야 합니까?"

"세상에 알려진 신비한 영적 현상들이 뭐가 있는데?"

그는 잔뜩 작심을 하고 물어보는 나와는 달리 지나칠 정도로 무덤덤한 표정과 말투로써 내게 한 마디 툭 되물어 왔다.

나는 다소 맥이 풀리기도 했지만 일순 대답이 궁해지기도 했다.

사실 그동안 신문, 잡지 같은 데서 세상의 불가사의하고 신비한 현상들에 대한 기사들을 더러 본 것 같은데 갑자기 예로 들자니 이렇다하게 떠오르는 것이 없었다.

내가 잠시 머뭇거리자 그가 다시 말했다.

"나도 자네처럼 한때 그런 방면에 대해 관심과 흥미를 가져 본적이 있네. 하지만 세상에는 과학적으로 해석과 추론이 불가능한 진짜 신령스런 현상 따윈 결코 없다는 것을 깨달은 뒤부터 아예 그런 말들은 귓등으로도 듣지 않는다네. 그런 말들은 알고 보면 모두 할 일 없는 사람들이 심심풀이 삼아 지어낸 말이거나 어떤 다른 목적을 가지고 꾸며낸 거짓부렁이라고 생각하면 거의 틀림이 없네. 그도 아니라면 아직 그 원인이 확실히 밝혀지지 않은 일종의 단순 자연현상에 지나지 않는 것이거나 또는 어리석은 인간들이 무언가 헛것을 보고 과장을 덧붙여 잘못 지껄인 말들에 불과한 것이네."

그가 내 질문을 너무 단정적으로 일축해버리자 다소 머쓱해진 나는 급히 기억을 헤집어 몇 가지 사례를 늘어놓기 시작했다.

영적 현상
_자연원리에 대한 바른 인식

"선생님. 한국에는 국가의 대사(大事)가 있을 때마다 땀을 흘리는 사명당 비석도 있고, 사회적 변고가 발생 시에는 눈물을 흘리는 성모상도 있습니다. 그리고 어느 사찰의 불상에선 3천년에 한 번씩 피어난다는 우담바라도 핀 적 있었고 또 어느 암자 나무그늘 밑에는 청명한 대낮에 비가 내리는 일도……"

"하하하!"

그가 내 말이 끝나기도 전에 갑자기 큰 소리로 웃기 시작했다.

그의 웃는 모습이 어찌나 천진스럽던지 그에게도 저런 면이 있었나? 싶은 생각이 들 정도였다.
그가 한참동안 웃음을 그치지 않자 나는 내심 좀 겸연쩍고 무안해졌다.
실은 내가 말한 내용들은 적당한 사례가 잘 안 떠올라 급한 김에 이것저것 주워섬긴 것이었다. 그 모든 사례들은 이미 한때 매스컴에 보도된 후 전문가들 조사 결과 모두 일종의 해프닝이거나 조작이거나 또는 단순 자연현상들로서 밝혀진 일들이기 때문이었다.
"자네 허풍도 제법이로구먼."
웃음을 그친 그가 나를 마치 철없는 어린아이 건너다보듯 뻔히 바라보며 한 마디 했다.
내가 머리를 긁적이며 아무 말도 못하자 그는 다시 말을 이었다
"이보게. 자네가 말한 그런 것들은 사실일리도 없지만, 설령 사실이라 한들 그게 무에 그리 대수롭고 신령스런 현상이란 말인가? 단지, 조금 이상한 자연현상일 뿐이지. 예를 들어 사명대사의 비석이 무어라고 말을 지껄인다던가 또는 성모상이 사람의 모습으로 변화해 세상을 활보한다던가, 앉아 있던 불상이 벌떡 일어나 사람들에게 먹고 입을 것이라도 나눠준다던가, 뭐 최소한 그런 정도라도 된다면 모를까. 그도 아니라면 막말로 비석이 땀을 흘린다하여 성모상이 눈물을 흘린다 하여 불상에 우담바라가 피었다하여 그게 무슨 대단하고 신비로운 일이란 말인가? 그로 인해 어느 한 사람 죽었던 이가 되살아나는 것도 아니며, 사람들의 주린 배가 채워지고 병든 사람들이 낫는 것도 아니며 또한 세상에

그 무엇 한 가지 달라지고 나아질 것이 없다면 그런 것들이야말로 정녕 아무 짝에도 쓸모없는 일어나나마나한 현상들 아닌가 말일세. 또한 신령의 능력이 고작 그런 현상이나 보여주는 정도 밖에 안 된다면 차라리 우리 인간들 능력이 신의 능력보다 수천 배 나을 것이네."

언제, 어떤 말이든 일체의 막힘도 없이 이치에 척척 맞게 쏟아내는 그의 능변에 나는 도저히 당해낼 재간이 없다고 생각했다.

"자네 말일세. 그런 하찮고 쓸데없는 것들 말고 진짜 현대 과학으로선 도저히 이해도 추정도 분석도 할 수 없는 신비스런 현상을 단 한 가지만이라도 나에게 제시한다면 내가 자네를 스승으로 모시겠네."

그가 만면에 웃음을 띤 채 마치 나를 놀리기라도 하듯 다시 말했다.

나는 그의 청산유수 같은 달변에 가뜩이나 주눅이 들어 있던 터라 더 이상 아무 할 말도 또 무슨 사례도 떠오를 것 같지 않아 그저 멍청한 표정으로 앉아 있으려니 그가 다시 한번 재촉을 해왔다.

그러자 나도 문득 오기가 생겼다.

'좋다! 그렇다면 나도 이번에는 뭔가 좀 체면을 세워야겠다'는 심정으로 급히 머리를 굴리기 시작했다. 그러자 언뜻 UFO에 대한 얘기가 머릿속에 떠올랐다.

나는 그제야 다소 자신 있는 목소리로 그에게 말했다.

"선생님. 그동안 세계 각처에서는 외계인들이 타고 온 것으로 추정되는 UFO에 대한 사진과 증거자료들이 많이 발견되지 않았습니까? 그리고 이는 매스컴에도 수 없이 보도되었으니 충분히 근거가 있는 것이고요."

내 말을 들은 그는 잠시 나를 물끄러미 바라보더니 다소 가소롭다는 듯 한마디 했다.

"이보게. UFO가 귀신하고 무슨 상관이 있는가? 내 얘기는 말 그대로 신령(神靈)스런 현상을 얘기해 보라는 것일세. 이른바 UFO 같은 것은 신령의 영역이 아닌 우주과학의 영역이라 할 수 있지 않은가? 또한 현대과학에서도 그동안 우주탐사를 통해 외계 생명체의 존재 가능성을 속속 발견하고 있지 않은가?"

나는 또 한방 먹은 기분이었다. 괜히 말을 꺼냈다가 이번 역시 본전도 못 찾고 만 것 같았다.

하긴 그랬다. 신령에 관한 이야기들이 수 없이 전해져 오고는 있지만 사실 무엇 하나 뚜렷하게 증거 사례로써 제시할 만한 것이 없는 것 또한 사실이었다.

그렇다고 어릴 때 할머니에게서 들었던 몽달귀신 얘기나 처녀귀신 얘기를 들이 댈 수도 없는 노릇이었다.

아무튼 난 그와 무슨 얘기든 얘기를 나누기만 하면 내가 마치 서너 살짜리 꼬마처럼 한없이 작아지는 듯한 느낌을 받게 됨은 물론 화제 또한 더 없이 유치해지거나 빈궁해짐을 느껴야만 했다.

"그럼 선생님께서는 UFO나 외계인의 존재 가능성은 인정하시는 겁니까?"

갑자기 할 말이 궁해진 나는 다소 엉뚱한 쪽으로 화제를 돌려버렸다. 그러자 그는 마치 어린 손주의 재롱을 바라보는 할아버지의 표정으로 나를 한참동안 물끄러미 바라다보더니 다시 입을 열었다.
"자네, 이제는 이른바 신령의 세계나 존재에 대한 의문은 어느 정도 풀린 모양이지? 밑천이 다 드러나 더 이상 물을 말도 없는 모양이로구먼."
내가 겸연쩍게 웃고만 있자 그가 말했다.
"나는 자네를 보고 있으면 왠지 꼭 어릴 적 내 모습을 보는 것만 같네. 자네는 육신의 나이는 장년에 이르렀지만 그 영(靈)은 마치 열 살도 안 된 꼬마같네."
조롱인지 칭찬인지 알듯 말듯한 말을 들었지만 나는 왠지 기분이 그리 나쁘지만은 않았다. 만약 다른 사람이 내게 그런 말을 했다면 상당한 모욕감을 느꼈겠지만, 그에게서 그런 말을 들으니 또 느낌이 전혀 새롭고 달랐다.
"이보게. 부처 중에 천진불(天眞佛)이라는 동불(童佛)이 있네. 아주 영이 맑은 부처지. 중생들 역시 백 년을 살아도 마음의 나이를 열 살 이상 먹지 않는다면 그 또한 부처라 할 수 있다네. 자네는 앞으로 마음의 나이를 더 이상 먹지 말게."
그의 말을 듣자 난 또 갑자기 좀 황송하고 쑥스러워졌다. 내가 영이 맑고 부처의 소질이 있다니…….
"선생님. 저의 어디가 그리 어리고 천진하게 보이십니까? 저는 그래도 주위 또래들에 비해서는 훨씬 더 어른스럽고, 세상 물정 또한 알만큼은 다 안다고 생각하고 있는데요."
"자네가 지금껏 내게 물어본 것들이 주로 무엇이었던가를 한번 생각해 보게. 그럼 자네의 마음이 어른인지 어린아이인지 금방 알 수가 있을 걸세."
내가 잠시 머뭇거리자 그가 다시 말을 이었다.
"자네는 지금까지 나에게 사람이 바위를 어떻게 뛰어 넘는지, 새들이 어떻게 사람을 따르는지, 귀신이 진짜 있는지, UFO의 정체가 무엇인지 등등에 대해 물어왔다네. 그리고 앞으로는 또 뭘 물어보려는가? 별들은 언제 생겨났으며 꽃들은 어찌 피어나는지 그런 걸 물어보려는가?"
그는 잠시 빙그레 웃더니 계속 말을 이었다.
"자네도 한번 생각해 보게. 그게 어린아이들이나 할 수 있는 질문이지 과연 어른들이 할 질문이라고 생각하는가? 요즘 사람들은 자네 나이가 되면 그렇듯 실생활에 아무 소용도 없는 것들에 대해선 궁금해 하기는커녕 아예 관심조차도 갖지 않는다네. 그리고 이는 실상 무엇 하나 제대로 알지도 못하면서 각자 나름대로 자신들이 모든 것을 다 잘 알고 있다고 착각하고 있기 때문이기도 하네. 아무튼 자네 나이에 자네처럼 천진한 사람도 세상엔 드물걸세."
하긴, 그의 말을 들어보니 내가 그동안 질문이랍시고 한 것들이 실로 유치하기 짝이 없었던 것 같았다. 개인적으로 늘 궁금했던 의문들이었지만 살아가는 데에는 아무런 도움도 되지 않는 그야말로 쓸데없는 것들이었다. 하지만 나는 괘념치 않았다. 진짜 중요한 질문은 이제부터라는 나름의 생각이 있었기에 그것으로 자위하며 다음 대화를 계속 이어가기로 했다.

고라니
_ 인간과 형상만 다른 생명체

그와 얘기를 나누는 사이 어느덧 시간은 정오를 훨씬 지나있었다. 내리던 비가 그치고 따가운 여름 햇볕이 내리쪼이기 시작했다. 그는 비에 젖을까 아침에 거두어 들였던 약재들을 한 가지씩 다시 암자 마당에 내다 널고 나더니 '잠깐 다녀 올 데가 있다'며 어디론가 서둘러 출타를 했다.

암자에는 나와 또 그가 어린새끼일 때부터 데려와 길렀다는 두 마리의 고라니들만이 남게 되었다.

나는 이참에 그들이나 데리고 놀 생각으로 마당 한쪽에서 어슬렁거리고 있던 고라니들에게로 다가갔다. 하지만 그들은 낯선 사람에 대한 경계심 때문인지 자꾸 뒤로 주춤거리며 물러서려고만 할 뿐 내가 다가가는 것을 몹시 겁내고 꺼려했다.

나는 그들과 마당을 몇 바퀴씩이나 빙빙 돌며 승강이를 벌이다가 이내 지쳐 다시 툇마루로 와 걸터앉았다. 고라니들 역시 성가신 존재가 사라졌다는 듯 마당 한편의 나무 그늘 밑으로 걸어가더니 배를 바닥에 댄 채 느긋이 엎드려 있었다.

사람팔자는 길들일 나름이라더니 고라니들 팔자 또한 크게 다르지 않는 듯 보였다. 그들은 누가 묶어 놓은 것도 아니고 감시하는 것도 아닌데 다 자라서도 야생으로 돌아가지 않고 마치 순한 개들처럼 암자를 지키고 있었던 것이다.

누구로부터 또는 무엇으로부터 길들여진다는 것은 일면 서글픈

일이었다. 개체로서, 주체로서 본연의 자유 의지를 상실한 채 평생 저들처럼 종속적 삶을 살 수밖에 없을 터였다.

나는 잠시 '지금 저 나무그늘 아래 엎드려 멀뚱히 나를 바라보고 있는 고라니들과 암자 툇마루에 걸터앉아 저 고라니들을 물끄러미 바라보고 있는 나의 존재가 과연 본질적으로 무엇이 다를 것인가' 하는 생각을 떠올려 봤다.

나는 갑자기 좀 무료해졌다.

아직 그에게 물어 보고 싶은 말들이 무척이나 많은데, 비록 잠깐 동안이긴 하지만 이렇듯 혼자 멍청히 앉아 시간을 보내야 한다는 것이 아깝게 느껴지기도 했다.

나는 이곳 암자에 온 이후 그와 연 사흘을 함께 지냈으면서도 아직 그의 육체적, 정신적, 학문적 한계와 경지가 과연 어디까지인지 가늠할 수가 없었다. 그는 내게 있어 그만큼 신비롭고 경이롭고 대단하게만 느껴지는 존재였다. 특히 그의 앎의 세계는 가히 세상만사 무불통지 수준에 이른 듯 여겨졌다.

어떤 것에 관한 문제이든 잠시 머릿속으로 생각만 하면 답이 척척 나오는 듯 했다. 마치 사람이 세상이치를 판단하는 일에만 통달하면 이른바 수학, 과학의 복잡한 원리까지도 훤히 꿰뚫을 수 있는 게 아닌가 여겨질 정도였다. 그의 말 한마디 한마디가 내게는 모두 스스로 알고 깨우칠 수 없는 소중한 이치와 지혜와 진리로 들려졌다.

그는 세상이치를 파악할 때 어떤 세밀한 연구나 분석에 의한 것이 아닌, 순전히 나름의 감각과 직관을 통해 판단하는 것 같았다. 그래도 정확히 핵심을 찔렀고 앞뒤 논리가 딱딱 들어맞았다. 그것은 세상사나 사물에 대한 관조, 통찰, 이해의 수준이 일정 경지에 달하지 않고는 불가능한 것이기도 했다.
그의 말과 논리는 다소 독단인 듯 싶었지만 참신했고 평이한 듯 했지만 심오했으며 외곬인 듯 했지만 광대했다.
아무튼 불혹의 나이에 가깝도록 나 자신의 정체성마저 찾지 못한 채 오직 무명 속에서 헤매고 있던 내게 그는 정말 다시 만나기 어려운 큰 스승인 듯 느껴졌다.
공자 말하길 '아침에 도(道)를 깨치면 저녁에 죽어도 좋다'고 했던가.
나는 앞으로 이곳에서의 남은 시간 동안 내 삶의 모든 의혹들을 그에게 묻고, 그를 통해 최대한 많은 지혜와 진리를 배워 볼 작정이었다. 그런데 가만 생각해보니 나는 그동안 이른바 신령의 존재와 세계에 관해서는 이제 어느 정도 궁금했던 것을 그에게 다 물어 본듯한데 다만, 한 가지 빠뜨린 것이 있었다.
그것은 바로 점술에 관한 것이었다.
점술 역시 일종의 신적 영역에 속한다 할 수 있는 것으로서 이 또한 그동안 나를 무지 헛갈리게 했었고, 정신적으로 많은 혼란을 안겨 주었던 문제였다. 그리하여 나로서는 섣불리 그 실체를 단정하고 정의하기 어려웠던 의문점이었다.
나는 그가 돌아오는 대로 우선 이에 대한 질문부터 이어가야겠다고 생각했다.

점술(占術)
_틀리지 않으면 맞는 것

나는 일단 그가 돌아 올 때까지 무료함도 달랠 겸 암자 곳곳의 청소나 좀 해야겠다고 생각하고 방들과 부엌과 마당을 분주히 오가며 열심히 쓸고 닦고 치우기 시작했다. 그렇게 한 두어 시간쯤 지났을 때 그가 돌아왔다.
"사방이 온통 멀끔해졌구먼."
그가 웃으며 한 마디 했다.
나는 그에게 어디를 다녀왔느냐 묻지 않았고, 그 역시 어디를 다녀왔다고 말하지 않았다.
그와 나는 이내 다시 암자 마루에 걸터앉았다.
그는 몹시 더운 듯 연회색 트레이닝복 비슷한 윗도리를 훌훌 벗어 한쪽 구석으로 휙 집어 던졌다. 그러자 색 바랜 하늘색 반소매 남방만을 걸친 그의 웃통이 다부지고 당당하게 드러나 보였다.
나는 마치 앎에 굶주린 제자가 스승의 가르침을 애타게 구하듯 그에게 바삐 질문을 하기 시작했다.
"선생님. 아까 말씀드린 신령의 세계에 관한 의문 중 한 가지 빠뜨리고 여쭙지 못한 것이 있습니다. 그것은 바로 점술(占術)에 관한 것인데요. 한국에는 지금 점쟁이들 숫자가 수만 명에 달할 정도로 점집이 성업 중입니다. 사람들이 이렇듯 많은 관심을 가지는 점술이란 과연 믿을 수 있는 것인지요?"
"점을 보는 사람들이 믿을 수 있다 생각하니 점집들이 그렇듯 성황일 테지."
다소 느닷없는 듯한 나의 질문에 그가 약간 심드렁한 표정으로 가볍게 대답했다.
"선생님. 실은 저도 한 때 용하다는 점쟁이들은 모두 찾아다닐 정도로 소위 점술에 대해서 많은 관심과 기대를 가졌습니다만, 아직까지도 저는 점술이란 과연 무엇을 근거로 하며 또한 그것을 어디까지 믿어야만 하는 것인지 도무지 확신과 판단이 잘 서지 않습니다."
그가 대답했다.
"그럼 자네가 그 많은 점쟁이들을 만나 점을 쳐본 결과 그들의 말이 대충 맞던가?"
"맞는 것도 있고 틀리는 것도 있는 것 같습니다. 그러니 더욱 믿을 수도 없고 안 믿을 수도 없는 것이지요."
내 말에 그가 피식 웃더니 말을 이었다.
"지금 자네가 한 말에 바로 자네의 의문에 대한 해답이 들어있네."
"예?"
내가 의아한 표정을 짓자 그가 다시 말했다.
"흔히 사람들이 궁금해 하는 것들의 대부분은 아주 예외적이거나 또는 아주 특별한 것이 아닌 한 비단 점쟁이들뿐 아니라 그 누구라도 그것을 알아맞힐 수 있는 확률은 최소 50% 정도는 되는 것이네. 즉, 맞지 않으면 틀린다는 얘기지. 예를 들어 자네가 지금 나에게 묻고 있는 질문만 해도 내가 점이란 맞는 것이다 또는 틀리는 것이다, 어느 한 쪽을 선택해 대답한다 할지라도 결과적으로 그것의 적중확률은 최소 50% 정도는 된다는 얘길세."
내가 아무 말도 못하자 그는 계속 말을 이었다.
"좀더 알아듣기 쉽게 설명해 주지. 예를 들어 임신부가 태아의 성별이 궁금해 출산 전 미리 그것을 점쳐 보는 경우라든가 또는 새 집을 장만해 이사 할 사람이 그 집터에 대해 별일이 있을지 없을지 사전 길흉을 알아보는 경우라든가 또는 자녀들이 시험을 보는 데 있어 합격여부를 미리 물어보는 경우라든가 이런 모든 의문들은 결국 누가 어느 쪽을 선택해 대답하든 그 적중확률은 최소 절반쯤 보장된다는 뜻일세. 물론 거기에 당사자들의 현재 여건과 실정 등을 조금만 더 눈치로 짐작하고 감안해 말할 경우 적중확률은 훨씬 더 높아질 수 있겠지만. 자네도 한번 생각해 보게나. 임신부 뱃속의 아이는 결국 사내 아니면 계집아이일 것이고, 이사 간 새집에서는 별일이 있지 않으면 없을 것이고, 자녀가 시험을 치르는 일 역시 합격 아니면 불합격이 될 것 아닌가 말일세."
나는 그의 얘기에 공감하며 다시 물었다.
"그럼 선생님의 말씀은 점쟁이들의 점술이란 거의 믿을 게 못 된다는 그런 말씀입니까?"
"거의 믿을게 못 된다는 말이 아니라 전부가 거짓이라는 얘기네. 특히 무슨 도사니, 도령이니, 보살이니 하는 이름을 내걸고 속칭 신점(神占)을 본다는 자들의 경우 99%도 아니고 100% 사기꾼들이라고 보면 틀림이 없네."
나는 그가 하도 확신에 찬 표정과 말투로 쉽게 단정을 해버리자 다소 어리둥절해져 버렸다.

"이 사람아, 이것저것 깊이 따져 볼 것도 없이 상식적으로 간단히 한번 생각해보게. 남의 점을 봐주는 것을 생계수단으로 삼고 있는 점쟁이들이 진짜 미래의 일을 알 수 있다면 당장 자신이 엄청난 부자가 되고도 남을 텐데 왜 그렇듯 구차하게 고작 몇 푼씩 복채나 받아 챙기고 앉아있겠는가? 특히 요즘 같은 세상엔 굳이 먼 미래 일을 알 것도 없이 바로 코앞의 몇 시간, 몇십 분 후의 일만 정확히 알아도 일확천금을 얻을 수 있는 일이 얼마나 많은가?"
하긴, 그의 말이 옳았다.
점쟁이들의 예지능력이 보통 사람들보다 조금만 더 뛰어나다 해도 요즘은 이를테면 경마나 카지노, 주식 투자 같은 지극히 합법적이고 손쉬운 방법만으로도 불과 며칠 안에 갑부가 되고 남을 터였다.
"물론 점술에도 서너 가지 종류가 있긴 하네. 예를 들면 방금 말한 신점(神占)과 같은 순 엉터리 점술도 있고, 역의 원리를 이용한 역점(易占) 그리고 일전에도 내가 자네에게 잠깐 말 한적 있는 인간의 선천적 예지감각을 이용한 기점(氣占) 등등. 물론 이 외에도 여러 가지 방식을 통한 잡다한 점술이 있지만 그런 것은 다 애들 장난만도 못한 것들이고. 아무튼 그 중에서 이른바 어떤 신령의 힘을 빌려 점을 본다는 신점의 경우엔 몇 번씩 말하지만 전혀 터무니없는 거짓부렁에 지나지 않는 것일세. 또한 인간의 예지본능을 이용한 기점은 사실 점술이라기보다는 최면술과 같은 일종의 심리학적 원리와 현상으로서 그 역시 현재까지는 아주 기초적인 연구단계에 있을 뿐이네. 그리고 마지막으로 역리(易理)를 이용한 사주니, 토정비결이니, 육효점이니 하는 것들이 있는데, 이 또한 세상의 어리석고 사특한 무리들이 역이란 것을 잘못 활용하고, 잘못 받아들인 데서 비롯된 사술이네. 사실 역의 근본이란 그렇듯 인간의 길흉화복이나 알아맞히는 데 쓰이는 것이 아니란 말일세. 자네 혹 주역은 읽어 봤는가?"
그가 갑자기 주역에 대해 내게 물어왔다.

주역(周易)
_근거 없는 논리

나는 잠시 머뭇거리다 대답했다.
"20대 시절에 잠깐 읽어보긴 했으나 하도 이해하기 어려운 내용들이라 무슨 말이고 뜻인지는 아직 전혀 모르고 있습니다."
"모르는 것이 당연하지. 세상 사람들은 흔히 주역을 사서삼경중 하나로 꼽으며 거기에 마치 무슨 심오한 우주의 이치와 신비한 비결이라도 깃들어 있는 양 거론하지만, 실상 주역에 대해서 뭘 좀 안다고 떠들고 다니는 사람들 전부가 주역이 무엇인지 전혀 모르는 자들이라 보면 맞을 것이네. 오히려 자네처럼 주역을 읽어 봐도 대체 무슨 말이고 뜻인지 전혀 모르겠다고 말하는 사람들이 주역을 제대로 이해하는 사람이라고 표현하는 것이 맞을 것일세."
내가 잘 못 알아듣겠다는 표정을 짓자 그는 계속 설명을 이었다.
"자네 주역을 왜 역경(易經)이라고 말하는지 아는가? 그것은 바로 주역이란 성경, 불경 등과 같은 일종의 경전이란 뜻일세. 그럼 경전이란 무엇인가? 그것은 바로 사람이 사는 법도와 이치를 알려주는 일종의 교훈서가 아니겠는가? 주역이란 바로 인간 삶에 있어 생로병사, 희로애락, 흥망성쇠 등의 제반 과정을 총 64가지 괘의 사례로써 설명하고 또한 이를 통해 인간들에게 삶의 바른 자세와 지혜, 교훈을 깨우쳐 주려는 고전일 뿐이네. 내용의 핵심인 즉, 세상 만물이 처한 환경은 끊임없이 변화하는 것으로, 인간은 이에 미리 대비하여야 함은 물론 매사 조심하고, 지나친 욕심을 부리지 말며, 항상 부지런히 노력하지 않으면 결국 실패가 따르고 화를 입게 된다. 뭐, 이런 예화들을 괘사(卦辭)를 통해 사람들에게 귀띔해 주는 일종의 교훈서 내지 잠언집 같은 것이란 얘길세. 단지, 거기에 점술적 요소가 다소 가미되어 있는 것은 이 또한 너무 교과서적이고 딱딱한 얘기만 늘어놓으면 무지한 인간들이 잘 안 읽으니깐 일종의 흥미요소를 다소 추가한 것일 뿐이네. 따라서 이 역시 불가(佛家)의 방편설과도 같은 일종의 방편서(方便書)라 할 수 있다 이런 말일세. 헌데 그런 본질적 의미도 모른 채 이놈 저놈, 오만 잡놈들이 주역에 나와 있는 별 뜻도 없고 엉뚱하기만 한 자구(字句)들을 모두 중구난방 제 멋대로 해석들을 하고 또한 무언가 그럴듯하게 이치에 맞도록 꿰어 맞추려 드니 그야말로 제 놈들 머리만 아플 뿐 그게 가당키나 한 일인가? 정말 코미디도 이런 코미디는 아마 세상에 또 없을 걸세."

나는 그의 거침없는 설명을 들으며 다시 한번 가벼운 충격을 받지 않을 수 없었다. 그리고 그의 말을 액면 그대로 믿고 받아들여야 할지, 말아야 할지 심각한 고민과 갈등에 빠지지 않을 수 없었다.

내용 논리나 이치로 따지자면 그의 설명이 일면 맞는 것도 같지만, 그러나 또 내가 그동안 세상에서 배우고 익힌 상식으로 따지면 그의 말이야말로 정말 세상 사람들에게 큰 혼란을 줄 수도 있는 그런 파격적이고 생경한 말들이었다.

특히 신의 존재여부에 관한 문제, 종교의 실상과 교리에 관한 문제 등이 그랬고, 방금 주역에 관한 말 또한 그랬다. 이는 내가 그동안 학교나 사회에서 정상적으로 배우고 익힌 지식들과는 전혀 배치되는 얘기일 뿐 아니라 난생 처음 듣는 얘기들이기도 했다.

그러나 과연 어느 쪽 말이 맞고 틀리는 지를 정확히 판단하려면 나 자신 그에 관한 전문적 지식이 밑바탕 되어야 가능한 것인데 내겐 사실 그럴만한 지식이 거의 없거나 턱없이 부족하기만 했다.

따라서 나는 이 문제 역시 신의 문제, 종교의 문제 등과 같이 차후 별도의 공부와 연구를 통해 내 지식이 어느 정도 보강될 때까지 판단을 유보할 수밖엔 없을 것 같았다.

나는 그의 설명을 계속 더 듣기로 하고 다시 물었다.

"선생님. 그럼 사주풀이나 토정비결 같은 것도 모두 역의 원리를 이용한 점술인 것으로 알고 있는데 그런 것도 다 엉터리란 말입니까? 만약 그렇다면 제가 그동안 여러 점쟁이들한테 다니면서 저의 평생 운명을 물어봤을 때 그들이 거의 다 비슷한 내용으로 대답하는 것은 또 어찌 이해해야만 합니까?"

내 말이 끝나자 그는 참으로 한심하다는 듯한 표정으로 내 얼굴을 한참 물끄러미 바라다 봤다. 난 좀 무안해져서 이내 눈길을 슬며시 다른 데로 돌려 버렸다.

"자네 같은 멍청하고 순진한 사람들 때문에 세상엔 온갖 사기꾼들이 판을 치는 걸세. 어찌 그리 심성이 나약하고 미혹에 잘 빠지며, 사물의 본질이나 이치를 스스로의 생각으로서 전혀 꿰뚫지를 못한단 말인가? 이보게, 그야말로 토정비결이나 사주 따위는 할 일 없는 인간들이 방구석에 들어앉아 순전히 심심파적으로 만들어 낸 낙서장과 다를 바 없는 것이네. 그것은 단지, 사람들의 생년월일시에 따라 그 성정과 운세를 대략적으로 통계 내어 기록한 것일 뿐이라는 얘길세. 그리고 자네가 어느 곳에 가서 운세를 점쳐보든 점쟁이들 얘기가 일치하는 것은 모든 점쟁이들이 똑 같은 내용의 책으로 운세를 보게 되니 당연히 똑 같은 대답이 나올 수밖에 더 있겠나? 따라서 그것은 이를테면 사람의 혈액형에 따라 그 적성과 취향 등을 구분해 놓은 그런 단순한 의학적 통계자료보다도 적중도가 훨씬 더 희박한, 말 그대로 그저 재미로나 한 번씩 보는 그런 것이네. 신문지 한쪽에 실리는 '오늘의 운세', '띠별 일진' 같은 것 말일세. 그 외의 이른바 역리(易理)를 응용한 것이라는 음양오행설이니, 풍수지리설이니, 육십갑자론이니 하는 것들도 모두 마찬가지네. 역(易)의 원리 자체가 단순 재미거리로 만들어진 것뿐인데, 그걸 응용해서 무슨 이론을 정립하려든다는 것이 정말 얼마나 웃기고 어리석은 짓인가. 그리고 역경이란 그 집필연대나 원저자 등이 누구인지조차 전혀 모를뿐더러 후세에 전해지는 동안 괘사의 내용과 조형원리 역시 아무런 체계 없이 저마다 뒤죽박

죽 중구난방 엉망진창으로 해석되고 이어져 온 것인데 그것을 대체 어디에 적용하고, 그걸로 무슨 연구를 한다는 말인가. 이는 마치 내가 심심풀이 삼아 무언가 끄적여 놓은 낙서장을 자네가 세상에 가지고 나가 자손 대대로 연구를 하고 또 그걸로 무슨 이론을 만들려는 것과 다를 바 없는 그야말로 한심한 짓거리인 것이네. 물론 과거 공자 역시 주역을 많이 연구했다고는 하나, 공자가 저술했다는 이른바 십익편(十翼篇)을 봐도 그 역시 단순히 괘(卦)나 효(爻)의 해석에만 치중했을 뿐 역의 원리 자체에 대한 이치의 타당성 등 근본적인 논리에 관해서는 전혀 살피지를 않았단 말일세. 단지, 오늘날까지 역의 원리가 세상에서 많이 활용되고 있는 것은 과거엔 특히 수리학이나 통계학이 발달되어 있지 못하다보니 절기(節氣), 의술, 천문, 지리 등 서민들의 실생활과 관련되는 대부분의 것들에 역이 지닌 6효 8괘의 원리를 단순 수치나 기호의 표시용도로서 활용해 온 결과 그것이 오늘날까지 관행으로 이어져 마치 역리(易理)가 모든 것에 통하는 진리인양 사람들에게 인식된 것뿐일세. 자네는 내가 너무 일반적인 얘기와 동떨어진 말을 하니 다소 의아히 들릴 수도 있겠지만, 세상엔 알고 보면 이렇듯 실로 어리석고 어이없는 일들이 수없이 많이 있고 또 수시로 벌어지고 있네."

나는 지금까지 살면서 그 말의 옳고 그름 차원을 떠나 무슨 말이든 그렇듯 상대의 귀에 쏙쏙 들어오도록 알아듣기 쉽게 설명하는 사람을 그 이외는 거의 만나 본 적 없었던 것 같았다.

그는 어떤 문제를 설명할 때도 결코 어렵고 복잡하게 말하지 않았으며, 때로는 오히려 너무 쉽게 얘기해서 그 지식의 깊이와 전문성이 의심될 정도였다. 하지만 그의 말은 언제나 정곡과 핵심을 찌르는 듯 느껴졌다.

방금 주역에 대한 설명 역시 그랬다. 나도 사실 20대 시절 주역에 대해 공부하는 모임에 가입한 적이 있었다.

그곳에서는 매주 한 번 주역의 전문가를 초청해 강의를 듣곤 했는데, 사실 한 시간 내내 강의를 들어도 대체 강사가 무슨 말을 하는지 또는 내가 무슨 말을 듣고 있는지 전혀 모를 지경이었다.

나는 혹 나만 못 알아듣나 싶어 강의가 끝난 후 주위 다른 친구들에게 물어봐도 그들 역시 못 알아듣는 건 나와 마찬가지였다.

그래서 몇 번 모임에 나가다 그만 뒤버린 경험이 있었지만, 아무튼 나는 오늘 그의 말을 불과 몇십 분 들은 것만으로 '주역이 어떤 것이로구나' 하는 것을 대강은 짐작할 수 있게 된듯한 느낌이었다.

"선생님은 무슨 말씀을 하시든 어찌 그리 상대가 쉽게 알아들을 수 있도록 설명을 잘 하십니까?"

내가 잠시 화제를 돌려 그에게 칭찬의 말을 건네자 그가 대답했다.

"이보게. 부처나 예수, 공자의 말씀 중에도 보통 사람들이 알아듣기 어렵고 이해 못할 말이 있던가? 최소한 사람이 사는 일에 관한 한 세상의 모든 진리는 다 그렇듯 쉽고 평범한 말속에 담겨 있는 것이네. 따라서 그것을 복잡하고 어렵게 설명할 수밖에 없다면 이는 말하는 사람의 지식이 크게 부족함을 드러내는 것일세."

그는 여전히 즉흥적으로 쉽게 툭툭 대꾸하는 것 같은데도 내 귀에는 그 한 마디 한 마디가 모두 이치에 척척 맞게 들렸다. 나는 그야말로 노화순청의 경지에 오른 듯한 그의 능변, 달변에 다시 한번 감탄치 않을 수 없었다.
내가 다시 그에게 물었다.
"선생님께서는 점술이란 그렇듯 거의 전부가 거짓이라고 말씀하셨는데, 그럼 때로 점쟁이들의 말이 아주 정확히 맞는 것은 어떻게 이해해야 합니까? 그리고 사실 굿판 같은데 가보면 무당들이 시퍼런 작두 날 위에서 맨발로 춤을 추는 것도 흔히 볼 수 있는데, 이런 신비한 현상들은 또 어찌 받아들여야 합니까?"
나는 아예 말을 꺼낸 김에 평소 궁금히 여겨왔던 것은 시시콜콜한 것까지 죄다 물어볼 요량으로 그에게 거듭 질문했다.
"그럼 자네는 봉사 팔매에 새가 맞는 것에 대해서는 어찌 생각하는가?"
그가 웃으며 던지는 농담조의 반문에 나 역시 웃음으로만 화답하자 그는 다시 설명을 이었다.
"이보게. 사람이란 어느 정도 기본적인 판단감각만 지니면 상대의 인상이나 차림새만 봐도 그의 신분과 나이와 성격 같은 것쯤 대략 짐작할 수 있는 것 아니겠나? 그리고 사람이 사는 일 역시 대개는 거기서 거기인 것이지 뭐 그리 특별하게 동떨어진 경우가 많이 있겠는가? 그러니 점쟁이들이 대충 눈치로 때려 맞춰도 웬만한 인간사에 대해선 7할 정도는 상식으로 맞힐 수 있고, 운이 좋으면 100% 맞히는 경우도 있을 수 있는 것이지. 또한 어쩌다 그렇게 우연히 한번 잘 맞추면 그 점쟁이는 이른바 용한 쪽집게로 소문나게 되는 것이고. 세상 이치란 알고 보면 다 그렇게 요지경

속으로 돌아가는 걸세. 그리고 무당들이 푸닥거리할 때 맨발로 작두를 타는 것 역시 마찬가지네. 자네는 길거리에서 그 흔한 차력사들의 묘기도 못 봤는가? 그들은 무당이 작두 타는 것 보다 몇 배 더 위험천만하고 어려운 묘기를 잘만 하지 않던가? 그것이 바로 기나 또는 최면을 통한 효과로서 이는 누구든 오래 수련을 하면 가능한 것이네. 단지, 사람들이 그런 방면으로 지식이 없으니 그것을 자꾸 신비하게만 여기게 되고, 귀신의 조화 등으로 받아들이게 되는 것이지. 하기야 옛날 사람들은 심지어 하늘에서 눈, 비가 내리는 현상마저 신의 조화로만 여겼었을 정도니 더 말해 무엇하겠는가. 원래 사람이란 무지하면 모든 게 다 신비스러워 보이는 것이네."

어리석음
_ 똑똑한 바보들

내가 잠자코 듣고 있자 그는 계속 말을 이었다.
"자네 말일세. 예를 들어 깜깜한 밤중 갑자기 천지가 대낮처럼 환해지며 오색영롱한 빛이 대지에 가득 차거나 또는 고요하던 망망대해 한 가운데서 거대 물기둥이 하늘 끝까지 솟구쳐 오르는 현상을 실제로 목격했다면 자네는 어찌 생각하겠는가?"
그의 갑작스런 질문에 나는 아무 대답을 못하고 머뭇거렸다.
그가 다시 말을 이었다.

"그런 현상은 보통 사람들의 상식으로 생각해 볼 때 도저히 현실에서는 일어나기 힘든 일 아니겠나? 하지만 이는 지금도 세상 곳곳에서 실제 자주 발생하고 있는 현상들이란 말일세. 그 중 앞의 예는 이른바 오로라 현상으로서 태양열의 전기성 입자가 산소 분자와 충돌함으로 인해 발생되는 것인데, 남극이나 북극 등에서 흔히 볼 수 있는 현상인 것이네. 뒤의 예는 토네이도에 의한 속칭 용오름 현상으로 요즘도 먼 바다에서 가끔 목격되는 장면이기도 하네. 그러나 이 같은 현상을 자연과학에 대한 기초상식이 전혀 없는 사람들이 직접 목격하게 되었다면 과연 어떤 생각들을 하게 되겠는가? 아마도 그들은 참으로 기가 막힌 신(神)의 조화를 보았다며 자신이 본 것에 대해 온갖 과장까지 덧붙여 평생 동안 사람들에게 구라를 치고 다닐 것이네. 또한 그 말을 들은 사람들 역시 주변에 그런 얘기를 끝없이 퍼뜨릴 것이고. 따라서 세상 사람들이 매사에 그렇듯 쉽게 신비주의적 사고에 빠져드는 가장 큰 원인은 바로 그들에게 우주과학이나 자연과학 분야에 대한 기초지식이 절대적으로 부족하기 때문이라고 말할 수 있네. 특히 서양에 비해 과학수준이 뒤떨어진 동양인들일수록 그런 경향이 심하다고 할 수 있지. 이를테면 세상이 어떻게 창조되고 생명체들이 어떻게 생겨났는지 등에 대한 기본상식이 거의 없는 데다, 그저 예부터 조상들에게 늘 허황된 귀신이야기나 들으며 자라오다 보니 주위에서 조금 이상한 현상만 목격되면 이를 모두 신비하게 여기고, 죄다 신의 조화로만 돌리려는 그릇된 습성들을 지니게 된 때문이네. 따라서 사람은 누구나 기본적인 과학지식만큼은 반드시 갖춰야할 필요가 있고, 그래야 비로소 합리적 사고를 할 수 있는 것이네. 즉, 물리(物理)를 모르고는 진리를 알 수 없다는 말일세. 아무튼 근래 사람들이 신비하다고 여기는 다른 모든 일들도 결국 알고 보면 이와 같은 단순 자연현상들일 뿐이네."

듣고 보니 충분히 공감과 수긍이 가는 말이었고, 그 논리에 전혀 틀림이 없는 듯 느껴졌다.

그가 계속 말을 이었다.

"내 수차 말했듯이 무엇보다 세상 사람들이 너무도 어리석게 보이는 것은, 왜 자신들이 모르는 현상에 대해서는 그 원리와 이치를 궁금하게 여겨 좀 더 깊이 있게 알려고 들지 아니하고, 모두들 그저 신비한 현상으로만 치부하거나 자꾸 귀신의 소행으로만 여기려 드는가 말일세. 정말이지 세상 대부분의 사람들이 겉모습을 그럴 듯하게 꾸미고 다니니 죄다 멀쩡하고 똑똑한 듯 보이지만, 실상 그들 각자의 내면을 들여다보면 그야말로 형편무인지경이다 이런 얘기네."

내가 다시 물었다.

"선생님. 정말 선생님의 말씀처럼 세상 사람들이 다 어리석기만 하여 그처럼 미혹에 쉽게 빠져드는 것일까요? 세상엔 알고 보면 똑똑한 사람들도 참으로 많지 않습니까?"

"사람이 미혹에 빠지는 이유는 그 심성이 무지하기 때문이기도 하고 나약하기 때문이기도 하며 세심함이 부족하기 때문이기도 하지만 무엇보다 가장 큰 원인은 자기 자신을 아주 똑똑하다고 생각하거나 잘났다고 자만하는 데에서 비롯된다고 할 수 있네. 그 모든 것을 통틀어 어리석음이라고 하는 것이고."
그는 잠시 숨을 돌리고 나더니 다시 말을 이었다.
"세상엔 알고 보면 무지한 바보들보다 똑똑한 바보들이 훨씬 더 많다네. 자네도 흔히 보고 듣는 얘기지만, 아예 말도 안 되는 사이비 종교단체의 교리 같은 데에 혹해서 패가망신하는 사람들을 보면 그들 역시 대부분 겉으로는 다 멀쩡하고 똑똑하게 보이는 사람들이 아니던가? 또한 남들에게 사기를 당해 낭패를 겪는 사람들 중에는 오히려 사회적으로 지위도 있고 지식인 계층에 속해있는 사람들이 훨씬 더 많네. 그들 역시 대부분 자신들의 판단력이 남들보다 탁월하다고 과신함으로써 모든 결정과 선택을 오직 자기의 주관이나 감각에만 의존해 쉽게 판단하기 때문일세. 반대로 자신이 남들보다 똑똑치 못하다고 생각하는 사람들은 타인들에 대한 경계심과 의심이 많아 무슨 일이든 꼼꼼히 확인하고 결정하기 때문에 오히려 남한테 사기도 잘 안 당하는 법일세. 따라서 진짜 더 어리석은 사람들은 일면 세상에서 소위 똑똑하다고 자부하는 그런 바보들이라는 얘기일세."

도(道)
_ 사람이 가야할 길

나는 다시 물었다.
"선생님. 그럼 세상 사람들이 그러한 어리석음과 미혹에서 벗어나려면 어찌 해야 합니까?"

"자네 지금 그것도 질문이라고 하는가?"

"예?"

그가 갑자기 퉁명스레 면박을 주는 바람에 나는 일순 당황했다.

"어찌하긴 뭘 어찌 해? 각자 열심히들 공부를 해야지."

하긴, 나 스스로 생각해봐도 정말 물어보나 마나한 질문이었던 것 같았다.

내가 잠시 머쓱해하자 이번엔 그가 문득 내게 물었다.

"자네 도(道)가 무엇인지 아는가?"

"예?"

느닷없는 그의 물음에 나는 또 약간 어리둥절해졌다.

"내가 방금 자네 질문에 대답했듯 사람들이 어리석음과 미혹에서 벗어날 수 있는 유일한 길은 오직 자기 스스로 우주만물, 세상만사의 이치에 대해 끊임없이 공부하고 생각하는 방법 외에는 달리 길이 없네. 특히 가장 근본적이고 기본적인 것부터 배우고 알아야 하네. 그러나 이는 누구한테 일일이 듣고 배워서 되는 일이 아니라 각자 마음공부를 열심히 하여 스스로 깨우쳐야만 가능한 것이네. 이를테면 부단히 심도(心道)를 닦아야 된단 말일세."

그는 잠시 말을 멈췄다 다시 이었다.

"세상 사람들은 흔히 도를 닦는다고 하면, 마치 무슨 대단한 비법과 신술(神術)을 연마하는 것으로 이해들을 하지만 그건 순전히 허풍쟁이들이나 하는 얘기고, 진정한 도란 비록 작은 것일지라도 세상의 만물과 만사에 대해 하나하나 바른 이치를 연구하고 깨달는 것이라네. 이를테면 사람이 왜 사는지를 생각하는 것도 작게는 도를 닦는 것이요, 산야에 풀들이 어찌 자라났는지, 길가에 놓인 돌멩이들의 본질은 무엇인지를 규명해 보는 것 역시 일면 도를 닦는 것이라 할 수 있을 것이네. 그리하여 자신이 연구한 것에 대해 자기 스스로 이치에 어긋남이 없이 해답을 정리해낼 수 있게 되면 그것을 칭하여 이른바 그 분야에서만큼은 도를 깨쳤다고 할 수 있는 것일세. 그리고 사람이 그렇듯 한 가지씩 이치를 공부해 근본원리를 깨닫게 되면 나중엔 세상만사, 우주만물의 본질을 훤히 꿰뚫어 볼 수 있는 통찰력이 생겨 더 이상 미혹에 빠질 일도 없는 것이지."

"그럼 불가의 고승들이 '득도를 했다.'고 하는 말도 이를테면 그 어떤 대단하고 엄청난 우주의 진리를 깨우친 것이 아니라 단지, 사람이 살아가는 근본 이치, 기본 원리를 바르게 깨우쳤다는 뜻으로 해석하는 것이 맞겠습니까?"

"이제야 제법 말귀를 알아듣는구만."

그가 피식 웃으며 말했다. 하긴 그랬다.

불가의 스님들이 흔히 말하는 '득도를 했다.', 또는 '깨달음을 얻었다.'는 등의 얘기들을 세속에서처럼 어떤 신비주의적 측면으로만 해석하려 든다면 오랜 불교 역사상 득도의 경지에 이르렀다는 그 수많은 고승선사들의 범부와 전혀 다를 바 없는 너무도 일반적이고 평범하기만 한 생사역정에 대해 납득할만한 설명을 전혀 할 수 없게 될 터였다.

나는 그의 말대로 '도란 곧 세상의 근본 이치이며, 도를 깨친다는 것은 그 근본 원리를 바르게 깨닫는 것일 뿐'이라고 도에 대한 스스로의 생각을 정리했다.

다만, 한 가지 의구심이 들어 덧붙여 물었다.

'선생님. 그런데 사람이 우주만물, 세상만사에 대한 그 수많은 이치들을 어느 세월에 일일이 다 연구하여 깨달을 수 있겠습니까?'

그가 대답했다.

"세상 이치란 스스로 하나를 깨닫게 되면 저절로 열을 알게 되고, 열을 깨닫게 되면 저절로 백을 알게 되는 것일세. 그러다 어느 경지에 이르면 만 가지 이치를 한눈에 살필 수 있는 통찰력과 안목이 생기게 되는 법이고……."

나는 그의 말을 들으며 내가 직접 그러한 경지에 올라보질 못했으니 정확히 알 수는 없었으나 일단, 그의 말이 논리적으로 매우 타당한지라 공감하며 다시 물었다.

"그럼 이치에 맞는다 함은 구체적으로 어떤 것입니까?"

그가 다시 대답했다.

"우선 앞뒤의 논리에 모순이 없어야 하네. 그리고 자연의 순리와 인간의 도리에 어긋남이 없어야 하지."

"그럼 그 중 어느 한가지에만 일치하는 것을 일리(一理)라 하고, 양쪽 모두에 어긋남이 없는 것을 합리(合理)라 하며, 세상만사에 통용되는 것을 진리(眞理)라 하고, 그 어디에도 일치하지 않을 경우 무리(無理)라 하며, 앞뒤의 모순이 있을 땐 참이 아니라 이해하면 맞겠습니까?"

"그럴듯하군!"

나는 덧붙여 물었다.

"선생님. 매사에 그렇듯 분명한 이치가 존재하고 또한 그것을 가리는 기준과 방법이 있거늘 왜 세상엔 온갖 시비와 논란들이 끊이지 않는 것입니까?"

"그것은 근본 이치를 제대로 깨달은 사람들이 세상에 그만큼 적기 때문일세. 예컨대 어떤 한 가지 사안을 두고 그 옳고 그름에 대해 사람들의 견해가 일치하지 않는 것은 각자의 관점이나 성향의 차이라기보다는 지적 수준의 차이 즉, 어느 한쪽이 그에 대해 잘못 인식하고 있거나 앎과 지혜의 정도가 낮기 때문이라고 봐야 하네. 무엇에 관한 것이든 올바른 이치를 깨닫게 되면 만인의 생각이 다 한가지로 모아지고 또한 비슷해질 수밖에 없는 것이네. 왜냐하면 어떤 문제이든 아주 특별한 경우가 아닌 이상 그 해답과 진리는 결국 하나이기 때문일세."

나는 이른바 세상사의 이치에 대해 더 물어보고 싶은 것들이 많았지만 일단 뒤로 미루기로 했다.

왜냐하면 내겐 아직도 보다 궁극적인 문제 즉, 신과 우주 등에 관한 의문들을 먼저 풀어야 하는 일이 더 급했기 때문이었다.

우주
_ 영(零)과 무(無)의 개념

그와 얘기를 나누는 사이 이미 날이 어둑어둑해지고 있었다.

나는 내가 궁금해 하는 궁극적인 의문들 중 이른바 신령의 세계와 관련된 것들에 대해서는 웬만큼 다 물어본 듯 싶었다.
이제 남은 것은 우주만물의 창생 내막과 인간 삶의 제반 이치에 관한 것이었다.
나는 우선 우주가 어찌 탄생된 것인지에 대해 그에게 묻고 싶었다. 그것은 나에게 있어 내가 어찌 태어났는지를 묻는 것과 같은 매우 중요한 의미를 지닌 질문이기도 했다.
나는 간절한 심정으로 그에게 물었다.
"선생님. 대체 우주란 어찌 창조된 것입니까?"
어쩌면 다소 느닷없이 들릴 수도 있는 질문이었지만, 그는 개의치 않고 선뜻 대답했다.
"우주의 창조 내막에 대해선 과학자들 주장이나 이론 또한 각기 다른 만큼 아직까지 정설로 확인된 것은 없네. 다만, 그 중 이치나 정황상으로 가장 타당성이 높은 것이 바로 표준우주론으로 널리 알려진 빅뱅이론이라 할 수 있지."
나도 사실 빅뱅론에 대해서는 제법 알고 있었고 또 가장 근거 있는 우주론이라 평소 생각해오고 있던 터였다. 그러나 나는 내심 그것을 인정하면서도 여전히 마음속에 풀리지 않는 의문을 지니고 있었다. 그것은 이를테면 보다 시원적(始原的)인 의문이었다.
"선생님. 제가 진짜 의문을 느끼는 부분은 우주가 빅뱅에 의해 탄생되었다고 가정했을 때 빅뱅 이전의 상황과 빅뱅현상을 초래한 그 근본원인이 무엇인지 궁금하다는 것입니다. 그리고 만일 빅뱅이 어떤 에너지에 의한 것이었다면 그 에너지는 또 어찌 생성되었으며 빅뱅을 가능케 한 최초의 인자(因子) 즉, 우주 알(Cosmos Egg)이라 부르는 특이점의 성격과 존재는 무엇인지 그런 것을 알고 싶습니다."

나는 내심 현대과학에서 빅뱅의 원인으로 추정하는 이른바 에너지의 융합 또는 분열 작용에 의한 우주 폭발설에 대해 일면 수긍을 하면서도 그 폭발 이전의 상황 등에 대한 궁극적 의문이 마음 속에서 계속 꼬리에 꼬리를 물고 이어져 왔던 것이었다.

그것은 다름 아닌 빅뱅 이전, 그 어떤 상호 작용도 불가능한, 단 한 점의 원소나 기체조차도 없는 완전한 무(無)와 절대 진공(眞空)의 상태에서 과연 어떻게 그러한 에너지와 폭발인자가 생성될 수 있었는지 또 그러한 생성이론을 어떠한 논리로 설명할 수 있는 것인지 하는 것들이 계속 궁금했던 것이다.

이는 어쩌면 다소 순진하고 유치한 의문인 것 같기도 했지만, 나에게는 매우 중요한 의미를 갖는 의문이기도 했다. 왜냐하면 우주 창조의 내막을 밝히는데 있어 현대과학 이론이 비록 분명한 근거자료에 의한 입증이 아닌 단순 추정론이라 할지라도 그 최초의 원인을 이치에 맞게 분석, 설명하지 못할 경우 여전히 불가해한 부분 즉, 이를테면 어떤 신비주의적 주장이나 논리가 개입될 여지는 그대로 남아 있을 수밖에 없기 때문이었다. 그리고 이는 유신론자들에게 끝까지 신에 의한 우주창조론을 주장할 수 있는 빌미를 제공해줄뿐더러 반면 무신론자들의 주장에 대해서도 결정적 논리의 취약점이 될 수 있는 것이기 때문이었다. 그리되면 나는 결국 신이 존재하느냐? 존재하지 않느냐? 하는 문제를 가지고 고민하던 예전의 그 혼란스런 상태로 되돌아갈 수밖에 없는 것이기도 한 때문이었다.

내 물음에 마침내 그가 대답했다.

"자네 영(零) 이하의 숫자가 존재한다고 생각하는가?"

"예?"

다소 엉뚱한 듯한 그의 질문에 내가 놀란 듯한 반응을 보이자 그가 다시 말을 이었다.

"불교의 연기론(緣起論) 관점에서 살펴보면 우주창조 이전의 상태가 어떠했는가? 하는 질문은 성립될 수 없는 것이란 뜻일세. 즉, 영이라는 숫자 이하의 숫자가 존재하지 않는 것처럼 모든 시작됨의 이전 상황에 대해 궁금해 하거나 또는 무엇을 규명하고자 한다는 것은 아무 의미가 없다는 말이네."

나는 그의 대답을 듣고 났지만 이번만큼은 그의 말에 선뜻 동의할 수 없었다. 방금 그가 한 말은 대부분의 종교논리가 그러하듯 일면 그럴듯하게 들리는 말이기는 하지만 궁극과 본질에 관한 질문을 교묘히 피해 가는 단순 말재주에 의한 논리로 밖에 여겨지지 않는 때문이었다.

나는 다소 도전적인 어투로 되물었다.

"그럼 불교 논리가 아닌, 선생님 개인의 우주관이나 우주론은 어떤 것입니까?"

그가 대답했다.

"중아함경에 보면 부처가 이르기를 방금 자네와 같은 물음을 묻는 제자에게 '그러한 의문은 깨달음을 얻는데 있어 아무런 도움이 안 되니 생각하지도 묻지도 말라.'고 하였다네."
하지만 그의 대답은 나를 점점 더 실망시키고 있었다. 이는 어쩌면 내가 가장 싫어하는 이른바 선문답식 대화법이기도 했다.
나는 최소한 그가 지닌 앎의 능력이라면 내 오랜 의문에 대해 어느 정도 수긍이 갈만한 해답을 주리라 잔뜩 기대하고 있었는데, 그러한 기대가 무산되고 마는 것 아닌가 하는 우려마저 들었다.
그 역시 나의 실망한 듯한 기색을 짐작했음인지 이내 다시 말을 이었다.
"내 대답이 자네의 기대에 너무 못 미쳤는가? 그렇다고 너무 실망스러워 하지는 말게. 나는 단지, 불교의 가르침이 그렇다는 얘기를 한 것뿐일세."
"그럼 선생님의 우주론을 말씀해 주십시오."
그의 말이 끝나기 바쁘게 나는 다시 그에게 대답을 재촉했다.

깨달음
_ 최상의 논리에 대한 자각

"우선 자네에게 내가 생각하는 바를 말하기 이전에 자네의 이해를 돕기 위해 미리 설명해 줄 것이 있네."
그는 잠시 말을 쉬더니 다소 신중한 표정으로 얘기를 이어가기 시작했다.
"우선 인간의 상상력이란 실로 무한한 듯 여겨지지만 거기에도 한계라는 것이 있네. 그 한계란 바로 자네가 말한 빅뱅 이전의 상태 그리고 빅뱅을 초래한 원인과 또 그 원인의 원인에 대해 생각하는 바로 거기까지네. 실은 보통 사람들로선 거기까지라도 자신의 생각을 이끌고 가기가 쉽지는 않은 것이긴 하네만. 아무튼 그 문제는 인간들이 단순히 앎의 차원에서만 의문을 풀려고 할 경우 현재까지의 과학기술이나 인간의 상상능력으로선 도저히 풀길이 없는 그런 의혹이기도 한 것이네. 또한 우주만물의 궁극적 진리를 탐구한다는 종교철학에서조차 이와 관련해 아직까지 이렇다하게 이치에 맞는 해답을 전혀 찾아내지 못한 그런 불가해한 문제이기도 하네. 자네도 잘 알다시피 이를테면 기독교의 경우 단지, 우주는 하나님이 창조한 것이라는 그 한마디 말로써 모든 의혹에 대한 답을 대신하고 있으며, 유교의 우주론 역시 단순 역리(易理)를 통한 이른바 극(極)의 없음이 곧 태극(太極)이요, 태극이 움직여 양(陽)을 낳고 양이 움직여 음(陰)을 낳고 하는 식의 난해한 논리로써 그것을 설명하는 시늉만 겨우 하고 있을 정도라네."
"그럼 불교의 경우는 어떻습니까?"
나는 그의 설명이 다소 길어질 듯 하여 미리 물었다.
"불교의 우주론 역시 보통 사람들이 들었을 땐 그야말로 애매모호함에 지나지 않는 것일세. 부처님 또한 우주창생의 내막에 관해서는 직접적으로 언급한 바 없을 뿐 아니라 불경에서도 이에 관해 우회적으로 몇 마디 말하고 있을 뿐 특별히 무어라 규정하고 있는 내용은 없네. 다만, 그 중에서 꼭 한 가지 깊이 있게 새겨들어야 할 대목이 있네. 이는 아주 중요한 내용으로서 일반인들에게도 널리 알려진 법문의 내용이긴 하지만, 실은 일반 중생들로 선 대부분 그 깊은 의미와 이치를 제대로 깨닫지 못하고 있는 것이기도 하다네. 따라서 내 이 참에 자네에게 특별히 다시 설명해 줄 테니 귀담아 잘 들어 보게."
그는 잠시 숨을 돌리고 나더니 설명을 이었다.
"그것은 바로 연기론(緣起論)에 근거한 색즉시공 공즉시색, 제법무아 제행무상의 논리일세. 이는 궁극적으로 우주자체를 유(有)로 보지 않고 무(無)로 보는 논리로서, 이를테면 우주만물은 상호 화(和)한 결과 잠시 현현(顯現)하는 것일 뿐 그 실체는 결국 없는 것으로 본다는 이론인 것이네. 좀 더 쉽게 설명하면 만상(萬像)은 일순 유(留)하되 영(永)히 존(存)하는 것이 아니라는 뜻일세. 이는 정말 깊이 생각해 보면 볼수록 참으로 놀라운 진리가 담겨 있는 말이네. 자네도 제법 총명한 사람이니 그 뜻을 곰곰이 새겨보면 무언가 마음속에서 크게 느껴지는 바가 분명 있을 것이네. 따라서 이런 관점에서 본다면 우주 자체가 궁극적으로 존재하지 않는 것일진대, 우주창조라는 말이 무슨 새로운 의미가 있으며 또한 우주창조 이전의 상태가 어떤 것이었냐고 묻는 것이 어디에 소용이 있겠는가? 이는 마치 일체가 곧 없음인데 그 중 무엇이 있고 없느냐를 따져 묻는 것이나 다를 바 없지 않겠는가 말일세."
그의 말을 듣고 있자니 다소 어렵긴 하지만 또 약간의 이해와 공감이 가기도 했다.
이를테면 우주의 규모가 아무리 원대한 것일지라도 또한 그 우주 내에 존재하는 만물질의 수명이 수백억 년에 이른다할지라도 무한(無限)의 크기와 시간대에 비하면 결국 하나의 미세한 점이요, 찰나의 순간에 지나지 않는다는 뜻으로 이해가 됐다.
또한 그 현상적 물질마저도 언젠가는 상호 연기작용에 의해 흔적도 없이 또는 전혀 다른 형상으로 소멸해 버리거나 변화해 버릴 수도 있는 마치 무지개나 구름, 안개나 그림자와 같은 그런 것이라는 뜻으로 여겨졌다.
나는 그가 한 말의 뜻을 여기까지 정리하고 나자 약간의 당혹감이 느껴졌다. 왜냐하면 나는 사실 예전에도 색즉시공, 제행무상이 어쩌고 하는 말들을 많이 들어오긴 했지만 그때는 단지, 불가의 땡초나 글쟁이들이 흔히 지껄이는 허황되고 관념적인 공염불로만 들었는데, 오늘 문득 그의 말을 듣고 나서 다시금 이를 되뇌어 보니 그 한마디 한마디가 폐부 속에 절절히 다가 와 꽂히는 듯한 느낌이 들었던 것이다.
나는 갑자기 머릿속이 다소 혼란스러워 졌다.
그렇다면, 정녕 그렇다면, 내가 존(存)하고 유(有)한다고 생각해왔던 모든 것들에 대해 가령 그것이 우주 전체라 할지라도 나는 그것을 참으로 존하고 유하는 것이라고 확신할 수 있을 것인가? 또한 그런 부존재적 존재의 실상에 대해 의문을 가지고 어떤 규명을 하려고 애쓴다는 것이 과연 의미가 있는 것인가? 진정한 궁극적 의문이란 어떤 현상존재에 대해서가 아닌 그 현상존재의 본질적 실재(實在)여부를 되짚어 봐야하는 것은 아닌가? 하는 등등의 새로운 의문들이 내 머리 속에서 어지럽게 맴돌기 시작했다.
내가 나름대로의 느낌과 생각들을 정리하고 있자니 그가 다시 말했다.

"자네, 아직도 빅뱅 이전의 상황에 대해 더 알고 싶은가?"
나는 그의 물음에 문득 부끄러움과 참담함이 느껴졌다.
나는 그래도 이 문제에 관해서는 참으로 오랫동안 궁금하게 생각해 왔었고, 이는 나 자신의 존재의미가 무엇인가를 규명키 위해서도 반드시 풀지 않으면 안 될 매우 본질적이고 중요한 의문이라 생각하여 한껏 작심하고 그에게 물어본 것이었다. 하지만 그의 얘기를 듣고 나자 나의 당초 그러한 굳은 의지들이 일순간 허망하게 무너지면서 갑자기 마음 깊은 곳에서 어떤 회의 같은 것이 밀려옴을 느끼게 되었던 것이었다.
하지만 나는 그래도 일말의 미련을 못 버리고 그에게 꼭 한 가지만 더 물어야봐야겠다고 생각했다.
"선생님. 그럼 선생님께서 보시기엔 우주가 자연발생적으로 생겨난 것이라 보십니까? 아니면 혹 어떤 신령에 의한 것일 가능성도 있다고 보십니까?"
내 물음에 그는 빙긋이 한 번 웃고 나더니 다시 답했다.
"내 방금 전에도 자네에게 말했지만, 당시 부처께서 제자들이 우주창생 연원을 묻는 질문에 왜 '그런 것은 알 필요가 없다'고 대답했는지 한번 생각해 봤는가? 난 부처님께서 거기에 대한 답변이 궁해 그리 대답하지는 않았을 거라고 생각하네. 내 예를 하나 더 들어 보겠네. 역시 중아함경(中阿含經)에 보면 부처님은 지금 자네처럼 묻는 제자에게 이렇게 대답했다네. '모든 것이 신의 뜻에 의해 발생했다 하면 인간은 모든 것이 신의 뜻이라 생각하고 아무런 깨달음의 노력도 아니 할 것이요, 모든 것이 자연히 발생했다 하면 인간은 모든 것이 자연의 뜻이라 생각하고 함부로 업(業)을 짓게 될 것이다'라고 말일세. 나는 여기에 자네 질문에 대한 해답이 어느 정도 들어 있을 것이라 보네."

나는 순간 갑자기 정신이 번쩍 드는 듯한 느낌을 받았다.

마치 그의 말은 부처가 나를 바라보며 한 마디 한 마디 직접 건네는 말처럼 준엄하게 느껴지기까지 했다. 그리고 나는 잠시 무언가에 한방 얻어맞은 듯 멍해졌다.

그랬다. 사실 내가 인간 존재의 근원을 캔답시고 신의 존재 여부와 우주만물의 창생내막에 대해 알려고 부단히 애를 쓴 목적 역시 결국 어떤 대단한 진리를 찾고자함이 아니라 순전히 나 자신이 앞으로 무엇을 하며 어떻게 살 것인가에 대한 삶의 목적과 방식을 찾기 위함이라고 해도 틀리지 않을 것이었다.

아니, 좀더 솔직히 그리고 구체적으로 얘기하자면 나는 나의 존재가 신에 의해 운명적으로 탄생한 것인지, 아니면 단순히 자연발생적인 생명체인지를 규명하여 거기에 맞춰 그저 아무런 마음의 갈등 없이 적당하고 편안한 삶을 살아보고자 했던 것이었다.

따라서 만일 그것이 어느 한쪽으로 확실히 규명 되었을 경우 나는 분명 부처님의 말씀대로 그 어느 한쪽으로 치우친 어리석은 삶을 살게 되었을지도 모를 일이었다.

뿐만 아니라 부처님이 그 제자의 물음에 대해 즉답을 안 해준 것 역시 '사람들은 결국 신이 존재한다 해도 마음으로써 잘 안 믿을 것이요, 신이 존재하지 않는다 해도 마음으로써 잘 안 믿을 것이니, 이는 굳이 말해줄 필요도 없을 뿐 아니라 그것은 중생들이 각자 살아가면서 인생의 숙제로 여기고 스스로 공부를 통해 깨우침을 얻으라.'는 뜻에서 답을 안 해준 것일 거라는 나름의 짐작까지도 들었다. 나는 그에게 다소 원망조로 말했다.
"선생님. 저는 방금 선생님의 말씀을 들으면서 마침내 작은 깨달음을 얻게 되었습니다. 그런데 왜 그런 좋은 말씀을 진즉 안 해 주시고 이제야 해 주시는 것입니까?"
그가 대답했다.
"나도 지금 막 생각이 났다네. 허허."
나는 그의 넉살에 다소 어이가 없었지만, 왠지 그의 그런 말조차 의미심장하게만 들렸다.
그리고 잠시 멀뚱히 앉아 있는 내게 그가 다시 말했다.
"자네 이제 신의 존재여부와 우주창조의 내막에 대한 의문이 어느 정도 풀렸는가? 원래 세상에서 확실한 해답이 존재치 않는 문제란 그 문제 자체에 문제가 있는 경우가 많네. 하지만 혹시라도 자네의 의문이 너무 부질없는 것이었다는 자괴감은 갖지 말게. 매사에 그러한 의문이 없는 사람은 깨달음 또한 얻을 수 없는 것이네."
내가 여전히 아무 말도 못하고 그저 듣고만 있자 그는 계속 말을 이었다.
"그리고 내 자네에게 또 하나 덧붙여 말해주고 싶은 것은 내가 지금까지 자네의 물음에 답하면서 사실 신령의 존재에 대해 그처럼 부정적으로만 얘기해 온 이유가 있네. 그것은 바로 나 자신 신령의 존재를 믿지 않기 때문이기도 했거니와 특히 자네의 심성이 워낙 여리고 약하기만 한 듯 하여, 미리 자네의 허황된 것들에 대한 의타심을 없애주려는 뜻도 다분히 포함되어 있었기 때문일세. 그러나 이제 자네가 스스로의 의문에 대해 나름대로 조금 깨달은 바가 있는 듯하니 비로소 하는 말이지만, 사실 신의 존재여부란 앎의 대상이 아닌 믿음의 대상이라 하는 쪽이 합당할 것이네. 따라서 신이 있다거나 또는 없다거나 하는 말은 누구한테 애써 말하거나 굳이 가르칠 필요도 없는 것이며, 그것은 어느 쪽이든 각자 선택하여 자신의 바른 삶을 사는데 그 마음을 제대로 활용하면 되는 것일세."

그랬다. 신의 존재여부, 우주의 창생 내막, 그런 것이야말로 어쩌면 인간들로서는 영원히 확인 불가능한 것이기에 사람들 각자가 어느 쪽이든 나름대로 선택하여 자신의 삶에 보다 도움이 되는 쪽으로 그에 대한 믿음을 가지고 살 수 밖에 없는 문제인 듯 했다. 나는 그제야 비로소 그의 말뜻을 조금은 이해할 수 있을 것 같았다.

진리
_ 만인이 공감할 수 있는 이치

내가 다시 물었다.
"선생님. 깨달음의 최고 경지란 어떤 경지입니까?"
"세상 모든 이치가 훤히 보이는 경지겠지."

"단지, 그뿐이겠습니까?"
"그 외에 또 있겠나?"
"그럼 진리란 어떤 것을 이르는 말입니까?"
"더 이상 이론(異論)의 여지가 없는 이치일세. 즉, 만인이 공감할 수 있는 이치를 이름이네."
"그렇다면 진리를 추구한다는 각 종교의 교리가 서로 다른 것은 어찌 이해해야 합니까? 그중 하나만 참이고 나머지는 모두 헛것입니까?"
나의 계속되는 질문에 그는 여전히 차분한 어투로 막힘없이 대답했다.
"종교 간 교리가 상이(相異)한 것은 국가 간 이념이 서로 다른 것과도 비슷한 맥락일 수 있네. 이를테면 세상엔 민주주의 국가도 있고 사회주의 국가도 있듯이. 하지만 궁극적으로 그 추구하는 바는 다르지 않아야 하네. 즉, 대중을 바르게 교화, 선도하고 그들의 삶을 행복하게 이끌 수 있는 것이어야 한다는 뜻일세. 만약 이런 이치에 어긋난다면 헛것이라 할 수 있겠지."
나는 이번엔 화제를 약간 돌려 다시 물었다.
"선생님. 그럼 세간에서 소위 뛰어난 고승이라 알려진 스님들의 게송(偈頌)을 더러 볼라치면 정녕 그것이 무슨 뜻인지 짐작조차 할 수 없는 난해한 말들로 되어있는 예가 많은데 이는 또 어찌 이해해야 합니까?"
"그런 것은 게송이 아니고 개소리라 하는 걸세!"
"예?"

그의 느닷없는 대답에 내가 다소 놀라는 표정을 짓자 그는 계속 말을 이었다.

"사람으로 태어나 사람이 못 알아듣는 소리를 지껄이니 그것을 어찌 사람의 소리라고 말할 수 있겠는가? 생전에 큰 깨달음을 얻었던 부처님도 사람들이 이해 못하는 그런 요상한 말은 한 적 없네. 그런데 공연히 아무 뜻도 없는 헛소리를 지껄여 무언가 신비한 깨달음의 세계가 따로 있는 양 어리석은 중생들을 미혹시키는 그런 놈들이야말로 정녕 모두 엄벌하여야 마땅하네."

그가 갑자기 심하게 화를 내자 나는 다소 민망스러워졌다.

사실 나는 그와 함께 지내는 동안 이미 여러 번 경험을 통해 알게 된 것이었지만, 그는 이른바 세상에서 허황된 말로 혹세무민하는 부류의 사람들 즉, 무당이나 점쟁이 또는 자칭 도인이나 사이비 종교인 같은 자들을 가장 경멸하고 혐오하는 것 같았다.

그런 사람들에 대한 얘기만 나오면 그는 정말 지나칠 정도로 분노하고 흥분을 가누지 못했다. 그는 그런 부류의 사람들을 마치 강도나 도적놈들보다 오히려 더 질이 나쁜 인간들이라 여기는 듯 했다. 그것은 그들의 요사스럽고 허황된 말들로 인해 어리석은 중생들이 미혹에 빠져들어 평생 동안 헤어나지 못할 수도 있다는 그 나름의 과민한 우려 때문인 듯 느껴졌다.

나는 얼른 또 화제를 돌렸다.

"선생님. 그런데 종교의 가르침이 인간사회의 현실과 너무 괴리되는 부분에 대해서는 어찌 생각하십니까? 특히 불교의 경우 그것이 좀 더 심한 듯 느껴집니다."

"종교의 기본 교리로 볼 때 기독교는 인간 삶의 방식을, 유교는 그 예법을, 불교는 그 근본 원리를 가르치는 것이라 할 수 있을 것이네. 그 중 특히 불교의 교리가 작금의 세상 현실과 너무 동떨어져 있다고 사람들이 흔히 느끼는 것은 여러 가지 원인이 있겠으나, 가장 큰 원인이라면 무엇보다도 불가의 수행자들이 불법의 참뜻을 중생들에게 제대로 전파하지 못하는데서 비롯되는 점이라 할 수 있을 것이네."

내가 잠자코 듣고 있자 그는 잠깐 숨을 돌리고 나서 계속 말을 이었다.

"요즘도 절간에 더러 가보면 게으른 땡초들이 자리를 틀고 앉아 소위 무슨 설법이랍시고 지껄인다는 것이 그저 경전에 씌어진 고래적(古來的) 얘기들만, 그것도 글자 그대로 달달 외워주는 수준에 지나지 않으니 그 참뜻을 이해 못하는 중생들로선 그야말로 개가 풀 뜯어먹는 소리로 밖에 더 들리겠는가? 그러니 세상 이치 모르는 무식한 땡초들이란 소릴 듣게 되는 게지. 쉬운 예를 들어 방금 전 내가 자네에게 말한 색즉시공 공즉시색, 제법무아 제행무상의 논리만 해도 그렇다네. 이를 단지, 경전에 씌어있는 대로 '세상엔 색도 없고 공도 없고, 법도 없고 나도 없고, 우주만물의 본질이란 무상하니 인간 삶 역시 정녕 부질없고 허망한 것'이라며 '다들 마음을 비우고 고뇌하지 말고 살라'는 식으로 중생들에게 백날 얘기해 본들 무슨 큰 소용과 도움이 되겠는가. 그 참뜻을 설명해주지 못하면 또한 그리하여 과연 어떻게 살아가는 것이 바른 삶의 자세인지를 세상의 현실과 이치에 맞게 제대로 설법치 못하면 말 그대로 공염불에 그칠 뿐이지. 더구나 그런 설법을 액면 그대로 받아들이는 일부 중생들로서는 '그럼 도대체 어쩌라는 얘긴가? 인생이 그렇듯 부질없고 허망하니 결국 살라는 얘긴가? 죽으라는 얘긴가? 그도 아니면 오직 진리를 찾기 위해 모두 머리 깎고 출가라도 하라는 얘긴가?' 하는 등의 공연한 반발심과 의구심을 느낄 수도 있는 것이네. 그리고 이런 식의 설법은 자칫 세상 사람들에게 단순 허무주의적인 인생관을 심어줄 소지도 있고 가치관의 혼란을 가중시킬 수도 있네. 따라서 우선 불가의 수행자들부터 부단한 공부를 통해 불교의 제반 설법을 현실에 맞게 재정리해야함은 물론 보다 효과적으로 중생계도를 할 수 있는 능력을 기르고 방법을 찾아야 한다는 얘기네."
나는 오늘의 공부는 이쯤에서 마쳐야겠다고 생각했다.
정말이지 오늘 하루 내내 그를 통해 들은 수많은 말들로 인해 내 머리 속에는 온갖 사념들이 어지럽게 쌓여 혼자만의 시간을 갖고 이를 대충이라도 정돈하지 않으면 안 될 것 같은 절박한 느낌이 들었기 때문이었다.
나는 그에게 그만 쉬어야겠다고 인사를 한 뒤 내 방으로 건너왔다.

선택
_힘겨운 마음의 결정

황산의 밤은 한 여름인데도 공기가 아주 서늘했다.
한국으로 치면 마치 초가을이나 이른 봄밤의 날씨 같았다.

그는 밤에도 등불을 켜지 않고 생활하는 탓에 방안은 오직 캄캄한 암흑 그 자체였다.

나는 그 깊은 어둠 속에서 잠시 눈을 감은 채 벽에 기대어 앉았다. 문득 약간의 고적감(孤寂感)과 함께 이런저런 잡다한 상념들이 엄습해왔다.

지난 며칠 간 연락을 못했던 회사의 일과 집안일들이 다소 궁금해지기도 했다.

그러나 나는 지금 다른 것들은 그 무엇도 생각하고 싶지 않았다. 나에겐 오직 내 마음 속 오랜 의문을 해소하고 정리하는 일이 가장 중요하고 시급한 일로 느껴졌다.

나는 한동안 자리에 웅크리고 앉아 이런저런 생각에 잠겼다.

머리가 어지러웠고, 가슴속은 무엇인가 가득 들어찬 듯 답답함이 느껴졌다.

나는 내 마음의 덮개를 열고 그 밑바닥을 찬찬히 한번 둘러보았다. 그러자 이내 이런저런 사념과 의문들이 다시금 하나씩 고개를 들고 슬금슬금 기어 나오기 시작했다. 지겹도록 되풀이되고 되풀이 되는 의혹과 번뇌의 사념들이었다.

나는 지금 왜 이 곳에 와 있는가?

내가 그토록 궁금했던 것들, 내가 알고자 했던 것들, 내가 애타게 찾고자 했던 것들은 과연 무엇이었을까?

나는 신(神)이 진짜 존재하는 것인지, 우주는 어찌 창조되었는지, 인간이란 존재는 무엇인지 그런 것들이 왜 그렇듯 궁금했고 알고 싶었던 것이었을까?

그것들에 대한 앎을 얻는다 하여 세상이 그리고 나 자신의 삶이 달라지거나 나아질 것은 무엇이었을까?

가사 신이 존재한다 할지라도, 그리하여 내가 신의 뜻에 따라 살게 된다 할지라도 스스로의 주체성을 지니지 못한 삶이 과연 무슨 의미가 있을 것인가?

자비와 전능의 신이라면 왜 굳이 현세(現世)에서의 구원을 이루지 못하는 것일까? 단지, 내세(來世)에서의 영생만을 유일한 위안과 희망으로 삼는다면 현세에서의 인간 삶이란 그야말로 너무도 가치 없고 허망한 일이 아니겠는가?

또한 인류역사가 시작된 이래 아직까지 단 한번 입증된 예도 없고, 그 어떤 논리적 근거나 타당성조차 찾아보기 힘든 이른바 내세설이나 윤회설과 같은 허황된 이야기를 정녕 믿어야 하는 것인가?

스스로의 인생관, 가치관을 그런 전설 따위에나 맞추어 정립하고 의존하며 살아간다는 것이야말로 이성을 가진 인간으로서 얼마나 부끄러운 일인가?

나아가 인간이 그렇듯 극락이나 천당에서 오직 행복감에 취해 영원히 산다는 것 역시 현세에서 쾌락에 빠져 모든 것을 잊고 사는 속된 삶의 행태와 근본적으로 다르고 나을 것은 무엇인가?

인간의 운명을 좌우하는 신이 정녕 존재한다면 세상에 태어나 오직 들풀처럼 살다가 들풀처럼 스러져간 그 수많은 사람들의 생사역정에 대한 의미와 가치는 정녕 무엇이란 말인가?

그렇다면 반대로 세상에 신이 존재하지 않는다고 단정했을 경우 과연 무엇이 달라지고 나아질 것인가?

인간이 신의 존재를 굳이 부정한다 하여 조금이라도 더 행복해 질 수 있는가?

만일 우주 내 모든 생명체들의 생사소멸 이치가 신의 의지가 아닌, 단순 자연현상에 불과하다고 규정했을 때 인간 삶의 의미와 가치는 또 얼마나 폄하될 것인가? 이는 곧 인간의 삶 역시 산짐승, 들짐승 또는 풀벌레들 삶과 본질적으로 크게 다를 바 없게 되는 것 아닌가?

그렇다면 결국 신이 존재하느냐? 존재하지 않느냐? 하는 문제는 알아내어 본들 아무 소용도, 도움도 안 되는 그런 의문 아닌가?

마치 길 다란 실 꾸러미처럼 풀면 풀수록 계속 이어져 오던 내 의문과 생각들은 일단 여기에서 멈추었다.

그야말로 돌고 돌고 돌아서 또다시 원점으로 회귀하고 만 것이었다. 나는 내 의문에 대한 실체적 진실을 규명하기는커녕 결국 처음의 출발점에서 단 한 발짝도 나아가지 못하고 제 자리 걸음만 한 꼴이 되어 버렸다.

나는 갑자기 허탈감을 느꼈다. 그리고 나 자신의 형편없는 지적 수준과 정신적 방황에 대해 심한 회의가 밀려왔다.

평소 아내가 내게 자주 핀잔을 주었던 것처럼 나는 정말 20대 문학청년도 아닌, 불혹의 나이가 다 되어서도 왜 이런 쓸데없는 것들에 대해 하고한 날 끙끙거리며 고민하고 있는 것인지 갑자기 스스로가 몹시 한심하다는 생각이 들었다. 그동안 내가 아주 중요하고 본질적 문제라고 여겨왔던 모든 의문과 사유 역시 한낱 부질없는 번뇌요, 헛된 망상으로 느껴졌다.

전에는 오히려 그런 본질적인 문제에 전혀 관심을 안 가지고 사는 사람들을 보면 오직 무지하고 한심하게만 보였었는데, 어쩌면 그들은 이미 그런 것들에 대한 허망한 결과와 결론을 진즉 다 예측하거나 깨닫고 있었는지도 모른다는 생각까지 들었다.

그러자 나는 나 자신이 더 없이 부끄러워졌다.

나는 그래도 평소 스스로를 무척 이지적이라 생각해왔었는데 나의 지적수준과 능력이 오히려 보통 사람들만도 못할지 모른다고 생각하니 견디기 힘든 자괴감이 몰려왔다.

나는 이제 정말 더 이상 그런 해답도 없는 의문에 사로잡혀 스스로를 괴롭히거나 또한 그런 것들로 인해 삶의 행로에서 갈팡질팡, 우왕좌왕하는 짓 따위는 그만 끝내야 한다고 생각했다.

그의 말처럼 그것은 정녕 쓸데없는 번뇌의 덩어리를 헤집고 앉아 있는 것이나 다를 바 없는 듯 여겨졌다.

나는 신의 존재여부에 관한 내 나름의 소신과 논리를 이제는 어느 쪽으로든 분명히 선택하고 정리하기로 마음먹었다.

그것이 비록 객관적 타당성이 부족한 것이라 할지라도 또한 그런 선택과 결정마저 설령 아무 의미 없고 소용없는 짓이라 할지라도 나 스스로를 납득시키고 나 자신 번뇌의 짐만 덜 수 있는 것이라면 어느 쪽이든 상관없이 결정해 버릴 요량이었다. 그렇게 억지로라도 마음을 비우고 정리하지 않으면 나는 무언가 계속 찜찜하고 석연찮은 느낌이 남아 앞으로 아무 일에도 집중을 못할 것만 같았다.

그리하여 나는 마침내 선택하고 결정하기로 했다.

그랬다. 그것은 어떤 합당한 해답을 찾은 것이 아닌 단순한 선택이고 결정이었다.

나는 즉, 신이 존재하지 않는다고 굳이 말하거나 생각하지 않기로 마음을 정리한 것이다.

하지만 이는 신이 존재한다고 믿는다는 뜻은 결코 아니었다.

좀더 솔직히 그리고 구체적인 내 심경을 말하자면, 나는 사실 그동안 살아오면서 신이 존재하기를 내심 간절히 바라왔었기에 그 누구보다도 신의 존재를 믿고 싶었으나 그것을 이치에 맞도록 스스로에게 설명하여 납득시킬 자신이 도저히 없었던 것이다.

신의 존재를 믿는다는 것이 아무리 이성적 판단이 아닌 감정적 선택 사항일 수 있다 하더라도 그 나름 최소한의 논리와 이치와 상식에는 부합해야 할진대 나는 그것을 찾으려 무진 애를 써보았으나 도무지 손톱만한 근거와 타당성조차도 발견할 수 없었던 것이었다.

하여, 나는 다만 그의 말처럼 하늘이 변해 땅이 되고 땅이 변해 하늘이 될 가능성만큼이나 낮은 확률일지언정 만에 하나 신이 혹 존재할 수도 있다는 그 가능성만 그저 마음속에 남겨두기로 한 것이다. 그마저 버린다면 마음이 너무 허전해질 것 같았기 때문이었다. 그것은 어쩌면 가능성이라기보다는 나의 간절한 원념(願念)이라고 표현하는 것이 더 적합할 터였다.

어쨌든 나는 그렇게 생각을 정리하고 나니 일면 마음이 편해지기도 했으나 한편으로는 갑자기 세상의 황량한 벌판에 홀로 나선 듯 어떤 막막함과 고립감 그리고 일종의 두려움 같은 것이 느껴지기도 했다.

나는 '사람들이 이래서 신의 존재를 믿는 것이구나.' 하는 생각을 잠시 머릿속에 떠올렸고, 그가 말했던 유신론의 긍정적 측면에 대해서도 다시 한번 마음속으로 공감했다.

아무튼 나는 신령의 세계와 관련된 것들에 대해서는 대략 이 정도로 마음을 정리했다.

다음은 우주창조의 근원에 관한 문제였다.

나는 이제 우주창조의 근원에 대한 의문을 단순히 현상학적 앎의 차원으로만 접근해서는 도저히 풀 수 없는 문제라는 것을 인정하기로 했다.

그의 말대로 그것은 마치 영(零) 이하의 숫자가 무엇인가를 묻는 것처럼 아예 의문으로써 성립될 수조차 없는 것일지도 모른다는 생각이 들었다.

또한 우주가 창조된 원인과 그 원인에 대한 원인 또 그 원인에 대한 원인을 계속 밝히려고 든다면 그야말로 우주가 무한한 것처럼 그러한 의문 역시 끝이 없을 수밖에 없을 것이라는 생각도 들었다.

나는 이 문제 역시 이쯤에서 마음 한편에 묻어두기로 했다.

그것은 나로서는 도저히 풀 수 없는 의문이라는 앎의 한계를 느껴서이기도 했지만 또한 어쩌면 내가 우주창조의 원인에 대해 의문을 가지게 된 근본 이유 역시 그것이 과연 신에 의한 것이냐? 단순 자연발생적인 것이냐? 하는 것을 규명키 위한 것이 가장 큰 목적이었다고도 할 수 있었으므로, 이미 신의 존재여부에 관해 나름의 생각이 정리된 만큼 그에 대한 의문은 이젠 나에게 큰 의미가 없어져 버린 때문이기도 했다.

아무튼 나는 그동안 내 삶에 있어 끝까지 나를 따라다니며 괴롭혔던 그 두 가지의 큰 의문들을 억지로나마 마음속에서 정리하고 나니 갑자기 무거운 짐을 벗어 던진 것처럼 홀가분한 기분이 들었다. 그동안 오직 부질없는 번뇌에 집착해 스스로를 괴롭힌 것 같아 나 자신에게 일면 미안한 마음도 들었다.

또한 사람들이 흔히 하는 말처럼 그저 아나마나, 생각하나마나한 문제를 가지고, 그리고 알아본들 아무 소용없는 문제를 가지고 나는 그토록 오랜 세월을 공연히 끙끙거린 듯 하여 평소 무식하다고만 여겨왔던 세간의 사람들이 어쩌면 나보다 한 수 위가 아니었을까? 하는 생각까지 들어 피식 웃음이 나오기도 했다.

그러나 아직도 내 마음 한편에는 무언가 명쾌하지 않은 그리고 여전히 개운하지 않은 느낌이 남아있음은 어찌할 수 없었다. 그것은 마치 세상을 살면서 부득이한 현실적 한계 때문에 전혀 마음에 내키지 않는 것들과 어쩔 수 없이 타협하고 화해했을 때의 그런 찜찜한 기분이었다.

또한 일면 나 자신 그러한 의문에 대해 스스로 해답을 찾고자하는 노력을 너무 쉽게 포기한 것이 아닌가 여겨지기도 했고, 삶의 근본 문제에 대해 좀 더 치열한 천착의지와 열정이 부족했던 듯 느껴지기도 했다.

따라서 무엇보다 나는 내 이성적 자아에 대해 일면 미안한 감정과 부끄러운 느낌이 들었다. 이는 결국 내 지적 능력의 한계 그리고 앎을 추구하는 의지와 자세의 불성실함을 드러내 보여주고만 격이 되었기 때문이다.
하지만 나는 나 자신에게 굳이 어설픈 변명 따위는 하지 않기로 했다. 다만, 그런 미진한 부분들에 대해서는 앞으로 좀 더 시간을 가지고 생각을 정리하여 스스로를 납득시키리라 마음먹었다.
그리하여 나는 이제 내일부터는 일단 신이나 우주 등에 관한 문제는 접어두고 보다 현실적인 문제 즉, 인간 삶의 의미와 이치, 바람직한 삶의 자세와 방법 같은 것들에 대해 그에게 열심히 물어보고 또 배워보리라 다짐하며 잠자리에 들었다.

[제3부]
삶의 방법에 대한 철학과 지혜

송림
_ 낙락한 삶의 자태

황산에서 맞는 네 번째 아침, 나는 잠에서 일찍 깨어났다.
창호지 안으로 파르스름한 여명이 비쳐들었다.
새벽의 빛깔, 새벽의 공기는 사람의 기분을 새롭게 해주었다.
머리는 비교적 맑았고, 몸은 개운했다.
그러나 나는 자리에서 일어나지 않고 한참을 더 뒹굴며 어젯밤 마음속으로 정리한 것들을 다시 한번 되짚어봤다.
다행히 스스로 납득이 가지 않을 정도의 특별한 오류나 의문점 같은 것은 발견되지 않는 듯 했다.
나는 늘 어떤 논리적 사고와 해답이 필요한 문제에 대해서는 그 이치를 마음속으로 생각하고 정리한 뒤 이를 마치 시험 답안지처럼 가슴 한편에 차곡차곡 쌓아 두었다. 그리고 나중에 그것을 하나씩 들춰가며 보편적 논리에 어긋남이 없는가를 재확인해야 마음이 놓였고 또한 그래야만 비로소 다음 단계의 생각을 이어갈 수 있었다. 마음속에 무언가 찜찜한 의문이 남아있으면 그것을 해소하지 않고는 견디질 못했다. 더러 누구와 사소한 말다툼을 하고 나서도 그것을 옳고 그름의 논리로 다시 풀고 화해할 때까지 스스로 안절부절, 그 어떤 것에도 정신을 집중하지 못하는 성격이었다. 남들이 볼 땐 지나치게 소심하고 과민하다 하겠지만, 그것은 나의 타고난 천성이자 오랜 습성 같은 것이어서 어쩔 수 없는 것이었다.

게다가 나는 마음 또한 모질지 못하고 몹시 여리기만 했다. 그러다 보니 아주 작은 일에도 쉬 상심하거나 심경의 변화와 갈등을 자주 일으키게 되는 경우가 많았다.

내가 중국에 온 후 그를 만나 전혀 예정에도 없이, 당초 여행일정을 포기해가면서까지 이곳 암자에 머물게 된 일도 어쩌면 남들이 볼 땐 쉬 이해를 못하겠지만 나 스스로는 충분히 이해하고도 남을 일이었다. 내 성격은 일면 지나치게 소심하고 꼼꼼하였으나 또 어떤 면에 있어서는 마치 어린 아이처럼 즉흥적이었고 충동적인 면이 다분하기도 했다.

특히 나는 무언가 궁금한 것은 도저히 참아내질 못했다.

길을 가다가도 어떤 새로운 것, 신기한 것, 흥미로운 것들을 발견하면 그것의 실체가 무엇인지 알아내기 위해 오랜 시간동안 계속 지켜보고 있거나 또는 남의 뒤를 쫓아가면서까지 그것을 알고자 하는 습관 때문에 때로 주위 사람들의 오해를 산적도 여러 번 있었다.

나는 그처럼 매사에 호기심이 강했다.

아무튼 나는 지난 며칠 동안의 그 복잡하고 어지러웠던 생각들을 마음속으로 어느 정도 정리하고 또한 그런 것들에서 다소 벗어날 수 있게 되어 다행이란 생각이 들었다. 따라서 오늘부터는 무언가 새로운 마음으로, 새로운 것들에 대해 그에게 물어보고 또 배워볼 작정이었다.

밖은 아무런 기척 없이 조용하기만 했다.

나는 그가 무엇을 하고 있는지 궁금하게 느껴져 자리에서 일어나

문밖으로 나왔다. 하지만 그는 보이지 않았다. 아마도 일찌감치 아침 수련을 나간 듯 했다.

나는 그가 돌아올 때까지 산책도 할 겸 암자 주변을 한 번 둘러볼 겸 집 밖으로 나왔다. 이른 아침 산 속 맑은 공기가 폐부 깊숙이 밀려들었다.

마당을 벗어나자 암자 옆에는 조그만 샘이 하나 있었는데, 어제 비가 내린 뒤라 제법 많은 양의 물이 흐르고 있었다. 깊은 산 속에서 듣는 물소리는 아주 묘한 울림으로 가슴에 닿아왔다.

그리고 암자 뒤편으로는 황산 명물로 알려진 송림(松林)이 우거져 있었는데 온갖 형상의 장송(長松), 노송(老松), 기송(寄松)들이 저마다 장엄한 모습을 뽐내며 둘러서 있었다.

우뚝 솟은 그 소나무들 한 그루 한 그루마다, 휘늘어진 가지마다 오랜 세월 풍상의 자취가 고스란히 얹혀 있는 듯 했다. 그야말로 거기에 백학(白鶴)이라도 몇 마리 깃들면 한 폭의 수려한 그림, 그 자체일 듯 싶었다.

나는 지금까지 이곳 황산이 아닌 그 어디에서도 이처럼 멋들어진 소나무들의 모습을 본 적 없었다. 내가 그동안 보아 왔던 한국의 소나무들은 황산의 소나무에 비하면 마치 오랜 기갈에 찌들어 볼품없이 구부러지고 아무렇게나 삐죽삐죽 자라 오른 잔솔들에 불과했다.

나는 갑자기 신토불이(身土不二)라는 말이 평소와는 전혀 다른 의미와 느낌으로 머릿속에 다가왔다. 그것은 비단 수목(樹木)뿐 아니라 인간 역시 대자연의 일부라 할 수 있기에 안팎의 모양새가 형성됨에 있어 생장터전의 토양이나 기후 환경 등이 크게 영향을 미친다는 생각을 했다. 따라서 사람이든 수목이든 일단 광활하고 비옥한 대지와 토양에서 태어나 성장할 필요가 있다는 생각이 들었다.
내가 잠시 주변을 둘러보며 이런저런 상념에 젖어 있을 때 암자 뒤쪽 숲길을 따라 그가 걸어 내려오고 있는 것이 보였다.
"오늘은 일찍 일어났구먼."
그는 나를 보자 싱긋 웃으며 한마디 건넸다.
짐작한 대로 그는 아침 수련을 마치고 오는 길이였다.
나는 그에게 공손히 인사를 한 뒤 '황산의 소나무들이 참 멋지다'고 주변을 둘러 본 소감을 말했다.
"황산 송림이 멋지다는 건 천하가 다 아는 것 아닌가. 인간들 또한 오랜 세월의 풍상을 겪고 나면 저 장송들만큼이나 낙락하고 청청한 자태를 지녀야하는 것일세."
그는 늘 별 생각 없이 즉흥적으로 아무렇게나 대꾸하는 말 같은데 나는 그의 말이 매번 아주 격조 높은 싯귀처럼 느껴졌다.
어쩌면 나는 이미 그에게 그만큼 흠뻑 빠져들어 있는 것인지도 몰랐다.
그의 말 한 마디 한 마디가 나에겐 곧 깨달음의 지침으로 받아들여졌을 뿐 아니라 나는 그의 인간적 품성에 대해서도 상당한 매력과 정감을 느끼고 있었던 것이다.
그 역시 나의 이런 마음을 짐작했음인지 나에게 많은 배려를 하고 있는 것이 느껴졌다.

그와 나는 정식으로 사제의 연을 맺은 것은 아니었지만 그는 명실 공히 나의 스승이었고, 나는 또 그의 유일한 제자나 다름없었다.
"들어 가세나."
나는 그의 말을 따라 암자로 다시 들어왔다.

방도의 모색
_ 현실적 대안

그와 나는 암자 마루에 걸터앉아 예의 그 칡 분말 한 잔씩을 마심으로써 간단히 아침 식사를 대신했다. 그러나 아무리 몸에 좋은 것이 다 들어가 있다지만, 역시 밥을 먹은 것처럼 든든한 포만감은 느껴지지 않았다.
나는 빈 그릇들을 치우고 나서 다시금 공부를 시작할 요량으로 그의 옆으로 바싹 다가앉았다.
"오늘은 또 뭘 물어보고 싶은 것인가?"
내가 막 입을 떼려고 하자 그가 먼저 빙긋 웃으며 말을 건네 왔다.
나는 앞 뒷말을 다 떼버리고 다짜고짜 질문을 시작했다.
"본질을 깨닫고 난 연후의 방도를 알고 싶습니다."
그랬다. 이제 내게 있어서는 그것이 또 가장 우선적으로 풀어야 할 중요한 의문이자 과제로 대두되었던 것이다.
이를테면 그의 설명대로 '우주만물의 본질은 영원히 존(存)하고 유(有)하는 것이 아니라 일순 현현(顯現)하는 것에 불과하다'는 말이 이치적으로 틀리지 않는 말임을 나는 인정할 수 있었다. 또한 인간 역시 불교론적 관점에서 보면 단순히 우주 내의 연기작용(緣起作用)에 의해 순간적으로 나타났다 사라지는, 마치 하루살이와 같은 존재에 지나지 않는다는 교리도 이해할 수 있었다. 그리고 무한대의 시간으로 비추어 볼 때 그 하루살이처럼 짧은 찰나의 순간을 살다가 영영 소멸해 버리고 마는 인간의 존재를 진정 존하고 유한다고 말할 수 있을 것인가? 하는 반문에도 공감할 수 있었다. 뿐만 아니라 최소한 지금까지의 인류역사에 비춰볼 때 일단 신령의 세계는 존재하지 않는다고 가정할 수밖에 없다는 논리에도 수긍할 수 있었다. 그리하여 결국 우주는 물론 인간을 포함한 우주 내의 모든 생명체들 역시 전혀 신비로울 것 없는, 단순 자연 발생적인 것이란 이론에도 기꺼이 동의할 수 있었다. 그러나 진짜 문제는 바로 그 뒤에 따르는 의문이었다.

정녕 그 모든 본질적 이치와 결론에 공감하고 인정하고 수긍하고 동의한다하더라도 그 다음 필연적으로 이어지는 절대적 의문 즉, 그렇다면 인간은 과연 어떻게 살아야 할 것인가? 하는 삶의 바른 방도에 관한 문제가 그것이었다.

나는 다소 기대에 찬 심경으로 그리고 약간은 긴장된 마음으로 그의 대답을 기다렸다.

마침내 그가 입을 열었다.

"본질을 깨달은 연후의 방도야 스스로 생각해 보면 알 수 있는 것 아닌가?"

그는 내 물음에 대해 그저 툭 던지듯 한마디 대꾸했다.

나는 갑자기 좀 멍해졌다. 그것은 당초 내 기대나 예상과는 전혀 다른 뜻밖의 대답이기 때문이었다. 그리고 마치 더 이상 설명할 필요도 없다는 듯 딱 잘라 말하는 그의 표정과 어투로 인해 나는 거듭 물어 볼 자신마저 없어졌다. 하지만 이는 또 어쩌면 그가 나에게 무언가 스스로 그 해답을 찾게끔 하려는 의도도 있는 듯 여겨져 더 이상 묻지는 않았다.

나는 천상 그 문제는 일단 뒤로 미룬 뒤 차츰 기회를 봐 가며 다시 질문을 해야겠다고 생각했다.

내가 화제를 돌려 다시 물었다.

"선생님. 그럼 인간 삶의 진정한 의미란 과연 무엇입니까?"

그가 즉시 대답했다.

"자네, 저 나무와 풀과 산속의 온갖 동물들이 살아가는 의미가 무엇인지 먼저 말해보게."

"예?"

그의 느닷없는 반문에 내가 다소 의아해하자 그가 다시 말을 이었다.

"사람들이 흔히 궁금하게 여기는 이른바 삶은 무엇이고 자신의 존재는 무엇이고 우주는 무엇이고 하는 등의 의문은 마치 저 나무는 무엇이고 풀은 무엇이고 바위와 바람과 구름은 무엇이냐? 하는 의문과도 전혀 다를 바 없는 것일세. 자네는 그런 의문이 과연 가당하고 또 어떤 해답이 있는 것이라 생각하는가? 그런 것은 의문이라기보다는 공연히 스스로 번뇌를 만들어 자신을 거기에 얽매이게 하는 것일 뿐이네. 인생이란 단지, 지구라는 행성 내에서 자연발생적 생명체의 생성소멸 과정일 뿐이네."
"그럼 우주만물의 실존적 의미와 가치는 전혀 없단 말입니까?"
나는 무언가 보다 명확하게 가슴에 와 닿는, 어떤 절실하고 확실한 깨달음의 진리를 그에게서 듣고 싶었으나 그의 대답이 자꾸 핵심을 비껴가는 듯 느껴져 재차 물었다.
그가 대답했다.
"그런 것에서 어떤 의미를 찾고자한다는 것, 그 자체가 무의미한 일일세. 이를테면 양파나 배추가 무엇인지 알기 위해 그걸 한 겹씩 벗겨내다 보면 결국 뭐가 남는가? 끝에 가서는 아무 것도 남는 것이 없지 않겠는가? 우주 만물의 의미 역시 현상학적으로 분석해 보면 결국 그런 것이라네. 그것이 양파든 배추든 나무든 풀이든 인생이든 또는 우주 자체든 그 존재의 의미를 하나씩 벗겨내고 보면 끝에 가서는 역시 아무것도 없다는 결론 밖에 나지 않는단 말일세. 그리고 그 '아무것도 없다'는 것을 사실대로 곧장 말하면 도(道)가 되는 것이요, 논리를 붙여 말하면 철학이 되는 것이요, 겉치장을 하여 말하면 이른바 문학과 같은 예술이 되는 것일세."
"그럼 모든 것이 결국 무(無)라는 결론입니까?"
"그렇지."
"그럼 인생이 너무 허무한 것 아닙니까?"
"인생이란 원래가 허무한 것일세."
"그럼 사람이 살아야 할 필요가 뭐 있겠습니까?"
"그럼 죽게나."
"예?"

나는 어이가 없었다. 그가 지금 농담을 하고 있는지 진담을 하고 있는지 구분이 안 갔다.
그가 빙긋 웃으며 다시 말했다.
"자네, 막상 죽으라고 하니 죽기는 싫지? 인생이란 그런 것일세. 사는 것이 허무한 일이지만 그렇다고 억지로 죽기는 싫은 것. 또한 어차피 몇십 년 살고나면 저절로 죽을 텐데 굳이 미리 죽으려 애쓸 필요도 없는 것, 그것이 바로 인생이라는 것일세. 그럼 어찌해야 되겠나? 죽지 않고 살려면 그나마 긍정적인 사고로 무언가 보다 의미 있고 가치 있는 일을 하며 열심히 살아야 되는 것 아니겠는가?"
나는 일면 공감을 하면서도 다시 반문했다.
"그럼 인간이 살아야만 하는 필연적 이유란 정녕 없는 것입니까?"
"인간이 꼭 살아야만 할 절대의 당위성이란 원래 없는 것일세. 인간이 사는 이유는 오직 죽지 못해 살거나 또는 별 생각 없이 그냥 사는 것, 그 두 가지 뿐일세."
"그럼 살고 싶어 사는 사람들의 경우는 무엇입니까?"
"자신의 삶에 대한 절대적 당위성, 필연성을 설명하지 못하는 그런 삶이란 살고 싶어 산다고 해도 결국 별 생각 없이 사는 것이나 마찬가지일세."
어쩌면 다소 지나친 독단으로 들릴 수도 있는 말이었지만, 나는 내심 그럴 수도 있겠다 싶었다.
인간이 본질적 존재의미를 찾지 못한 채 단순히 자신의 가족들을 위해 또는 개인의 목적을 이루기 위해 그리고 어떤 현실적 책임과

의무를 다 하기 위해 사는 것만으로 자기 삶의, 자기 존재의 절대적 당위성을 입증하기란 역시 그 의미와 명분이 크게 부족할 터였다. 나는 다소 허망해진 심정으로 다시 물었다.

"그럼 결국 인간이 죽지 못해 사는 것이라면 인간의 존재야말로 얼마나 가련한 것입니까? 또한 그것이 단지, 죽을 용기가 없어 못 죽고 사는 것이라면 얼마나 비겁한 노릇입니까? 그리고 자신이 왜 사는지 이유조차 모르고 그냥 별 생각 없이 사는 삶이야말로 얼마나 무의미한 것입니까?"

"인생이란 것 자체가 원래 그러한 것일진대 어쩌겠는가? 사실 인생이 별 것 아니라는 그 사실과 이치를 아는 것만도 큰 깨달음을 얻은 것이라고 할 수 있지. 허망하고 부질없는 인생의 그 본질조차 제대로 인식 못하면서 인간 삶에 무슨 대단한 의미와 가치, 신비함이라도 깃들어 있는 양 얘기하는 글쟁이, 말쟁이들이 하도 많다보니 삶에 대한 대중들의 의문과 혼란이 더욱 증폭되는 것일세."

"정녕 그렇다면 인간은 하루빨리 죽는 것만이 오직 상책인 것 아니겠습니까?"

내가 끝내 납득할 수 없다는 듯한 투로 계속 물어가자 그는 나를 지그시 바라보더니 다시 말을 이었다.

"이보게. 그렇다고 인생이란 것을 너무 비관적으로만 생각할 필요도 없는 것이네. 사람이 이래 죽던 저래 죽던 어차피 언젠가는 죽는 것이라면 앞서 말했듯 굳이 억지로, 미리 죽으려할 필요는 없는 것 아니겠는가? 또한 억지로 좀 더 빨리 죽는다 하여 달라질 것이 무엇이겠는가? 그렇다고 원래 없던 인생의 의미가 어디서 새로 생기는 것도 아니지 않겠는가? 따라서 결국 인간은 자연적으로 삶을 끝마칠 때까지 오직 살아갈 수밖에 없는 것이 순리가 아니겠는가? 그리고 어차피 죽지 않고 계속 살아가려면 그나마 아무렇게 막 사는 것보다는 조금이라도 더 의미 있고 가치 있고 남 부끄럽지 않게 사는 것이 합당한 일이 아니겠는가? 그러니 결국 인간이란 태어난 이상 죽는 날 까지 열심히, 성실히 살아야 한다는 결론이 나오는 것 아니겠는가?"

듣고 보니 맞는 말인 듯 했다. 나는 한 가지 덧붙여 물었다.

"그럼 삶의 현실이 너무도 고통스러운 사람들의 경우 역시 이를 끝까지 참으면서 죽지 않고 꼭 살아야만 하는 것입니까?"

"사람이 어느 한 때라도 고통스런 삶을 살아보지 아니하고 과연 무엇을 배우고 깨닫고 얻을 수 있겠는가? 또한 삶의 괴로움이나 걱정근심 같은 것도 어느 한계를 넘으면 오히려 거기에서 벗어날 수 있을 뿐 아니라 마음먹기 따라서는 현실 속에서 굳이 죽지 않고도 얼마든지 과거의 자신을 버리고 전혀 다른 사람으로 새롭게 거듭날 수 있는 것일세."

나는 그 또한 옳은 말이라 느껴졌다. 하지만 그것만으로는 역시 대답이 좀 미흡한 듯 여겨져 다시 물었다.

"아무튼 인간 삶의 본질이 그렇듯 특별한 의미 없이 그저 자연발생적인 한낱 미물이나 동식물들의 생사역정과도 다를 바 없는 것이라면 인간의 모든 작위 역시 부질없는 것 아니겠습니까?"

"어떤 면에서는 인간 삶이 그처럼 허망하고 부질없는 것이라는 사실을 깨닫는 시점부터, 그것을 솔직히 인정하고 받아들이는 순간부터 비로소 보다 의미 있고 가치 있고 바른 삶을 살 수도 있는 것일세. 그리고 자네는 왜 자꾸 인간의 삶이 다른 동물들의 그것과 똑같다고만 생각하는가? 그럼 자네는 만약 세상에 다시 태어난다면 인간이 아닌 그 어떤 다른 동물의 존재로 태어나도 좋다고 생각하는가?"

나는 그가 무심히 툭 던지듯 하는 말을 듣는 순간 귀가 번쩍 뜨이는 듯한 느낌을 받았다.

그랬다. 나는 그제야 그의 말뜻을 어느 정도 짐작하고 이해할 수가 있었다.

만일 내가 세상에 다시 태어나게 된다 할지라도 인간이 아닌 다른 그 무엇 즉, 개나 소나 말이나 닭 같은 것으로 다시 태어나 살아간다는 것은 정말 생각조차 하기 싫은 일이었다.

또한 인간 삶의 본질이 궁극적으로 따져보면 그렇듯 허무한 것이긴 하지만, 그러나 세상 그 어떤 존재의 삶보다도 소중한 것이란 생각이 그제야 어렴풋이 드는 것이었다.

세상의 그 무엇보다 소중한 것, 그리고 태어난 이상 결국 죽을 때까지 열심히 살아갈 수밖에 없는 것, 그것이 바로 인간 존재의 의미이자 삶의 바른 자세라고 정의했다.

가치의 인식
_값진 것 그리고 귀한 것

나는 다시 물었다.

"선생님. 그럼 인간은 어떻게 사는 것이 가장 가치 있고 바르게 사는 것입니까?"
그가 대답했다.
"가치 있게 사는 것과 바르게 사는 것은 궁극에 달해서는 상통할 수도 있겠지만, 거기에 이르는 길은 서로 다른 것이네."
"무슨 뜻인지요?"
내가 약간 의아해하며 되묻자 그가 보충하여 설명했다.
"가치 있게 산다는 것은 이른바 값어치를 쫓아 사는 것이요, 바르게 산다는 것은 도리를 쫓아 사는 것일세."
"가치와 도리는 어떻게 다릅니까?"
"가치란 사람들이 원하는 이로움이요, 도리란 사람들이 지켜야 하는 행실이네."
"그럼 가치 있게 산다는 것은 구체적으로 어떤 것입니까"
나는 우선 가치 있는 삶이란 어떤 것인지에 대해 다시 물었다.
그가 대답했다.
"세상 사람들이 흔히 말하는 가치란 시대환경에 따라 수시로 바뀔 수 있는 것이네. 그러나 만고불변의 가치가 한 가지 있네. 그것은 바로 인간 세상에서는 절대의 가치랄 수 있는 선(善)일세. 따라서 모든 인간은 선하게 사는 것이 가장 가치 있는 삶이라 할 수 있네."
"선이란 구체적으로 무엇입니까?"
"남들을 이롭게 하는 것이지, 뭐는 뭐여?"
그는 그것도 모르느냐는 투로 퉁명스레 한마디 내던졌다.
하지만 나는 다시 반문했다.

"선생님. 선하다는 말은 착하다는 말로서 남들에게 해를 안 끼친다는 뜻이 아니겠습니까?"
"남들에게 해를 안 끼치는 것보다는 남들에게 이로움을 주는 것이 최상의 뜻 아니겠나? 또한 자네 말처럼 단지, 남들에게 해를 안 끼치는 것만을 선이라 한다면 그것은 도리일 뿐 굳이 가치로서 따로 구분하여 말할 필요도 없는 것이고……."
나는 그의 말에 공감하며 다시 물었다.
"선생님. 그러나 인간이란 약육강식의 자연법칙에 따라 끊임없이 경쟁을 계속해야만 하고 또한 그 경쟁에서 남을 이겨야만 자신의 이익을 얻고 생존해 나갈 수도 있는 것이 현실일진대 오직 그런 이타적 삶의 방식만이 최상의 가치라면 이는 현실논리에 다소 맞지 않는 것 아닙니까?"
그가 즉시 대답했다.
"남들을 이롭게 한다는 뜻은 단순히 자기 것을 남에게 양보하거나 나눠주는 그런 직접적 자선이나 적선의 행위만을 뜻하는 것이 아닐세. 자신이 하는 일이 결과적으로 자기 자신에게는 물론 세상에 도움이 되고, 남들에게도 이로움을 줄 수 있다면 그것이야말로 진정한 선행이라 할 수 있네. 그리고 자네 말처럼 단순히 현실적 이해득실의 효과만 가지고 따져보더라도 남들과의 경쟁에서 이겨서 얻을 수 있는 이익보다는 남들을 이롭게 함으로써 얻어지는 자신의 이익이 궁극적으로는 훨씬 더 클 수 있는 것이네."
나는 그 역시 옳은 말이라 수긍했다. 내가 다시 물었다.
"그런데 인간사회의 현실이란 그런 절대의 가치만을 추구하고 실천하며 살기가 사실 어려운 일 아니겠습니까?"
"궁극적으로는 최선을 추구하되 현실적으로 그것이 어렵다면 차선이라도 선택해야겠지."
"그럼 차선의 가치는 무엇입니까?"
"남들을 이롭게 하기 힘들다면 최소한 남들에게 손해는 끼치지는 말고 살아야 하지 않겠나?"
"그럼 그 이외의 것에 대해 가치적 경중을 가늠할 땐 무엇을 기준으로 삼아야 합니까?"
"자네는 수요와 공급에 관한 법칙도 모르는가?"
"그야 경제법칙이지 않습니까?"
"그럼 자네가 말한 가치란 경제용어가 아니고 철학용어인가?"
그는 빙긋 웃으며 나를 한 번 쳐다보더니 다시 말을 이었다.
"가치 즉, 값어치의 개념과 논리란 사실 따지고 보면 철학도 문학도 아닌, 단순한 경제개념이고 논리일세. 물론 용처에 따라서는 이를 순전히 경제적 개념으로만 해석하고 사용하는 데는 좀 어폐가 있긴 하지만 본질은 그렇다는 뜻이네. 따라서 가치의 크고 작음이란 것 역시 궁극적으로는 일체의 예외 없이 오직 그것의 수요 여하에 따라 정도가 결정되는 것이네."
"그럼 선이란 것도 거기에 포함될 수 있는 것입니까?"
"당연하지. 세상의 모든 사람들이 선함을 필요로 여기지 않는다면 그 또한 무슨 가치가 있겠는가? 그러나 선을 만고불변의 절대가치로 여기는 것은 지금까지는 물론이고 앞으로도 마찬가지일걸세. 예컨대 선함을 마다하거나 선함을 나쁜 것이라고 생각할 사람은 세상에 아무도 없을 것이기 때문이네. 또한 그것은 비단 도덕적 당위의 차원을 떠나서도 인류가 보다 행복해지고 발전하는데 있어 가장 효율적 수단으로서 활용되고 작용될 수 있기에 그러하네. 즉 인간사회에 선함이 없으면 평화도 있을 수 없고 평화가 없으면 발전도 행복도 없을 것이기 때문일세."
나는 맞는 말이라 느껴졌다.
내가 다시 물었다.
"그럼 예를 들어 많은 사람들이 필요로 하는 것이지만 그것이 선한 것이 아닐 때에도 이를 가치 있다고 할 수 있습니까?"
"그것은 이른바 가치의 왜곡이라는 것이고……."
"선생님. 그렇다면 남들에게는 무해, 무용하지만 본인에게만큼은 더 없이 소중한 그런 특별한 것에도 가치를 부여할 수 있겠습니까?"
"그것은 자기만의 가치인 것이지."
"더러는 자기만의 가치를 지키기 위해 살고 죽는 사람들도 있지 않습니까?"
"그것은 그야말로 자기만의 가치를 위해 살고 죽는 이기적인 사람들이라 할 수 있을 테지."
"선생님. 그럼 가치 있게 산다는 것은 결국 사람들에게 무엇인가 이로움을 주는 삶을 산다는 것이라 정의할 수 있겠습니까?"
"그렇다네. 인간의 행위 중 그 어떤 경우를 막론하고 남들에게는 물론 자기 자신에게조차 이로움을 줄 수 없는 행위라면 그것은 모두 가치 없는 행위라 할 수 있을 것일세."

"그 이로움이란 정신적인 것과 물질적인 것을 다 포함하는 것이겠지요?"

"무엇이든 사람들에게 소용이 되고 또한 사람들이 필요로 하는 일을 하라는 얘길세. 그런데 자네는 내가 그런 시시콜콜한 것까지 일일이 다 대답을 해줘야하고 설명을 해줘야 이해를 하겠는가?"

내가 마치 어린 아이처럼 계속 말꼬리를 잡고 물어대자 그는 다소 짜증스러운 투로 대답했다.

그러나 사실 내가 그에게 그렇듯 사소하고 기초적인 것까지 거듭 묻고 확인하는 것은 앞으로 나 자신이 스스로의 인생관이나 가치관을 정립하는 데 있어 단 한 점 의혹도 없이 보다 명확한 이해와 지침을 얻기 위해서였다.

나는 내 삶의 방식에 관한 문제에 있어 그만큼 진지했고, 내 의문을 풀고자 하는 노력에 적극적이었으며, 앎에 대한 욕구 또한 절박했던 것이었다. 아무튼 나는 가치에 관한 질문은 그쯤 하기로 하고 다시 화제를 돌렸다.

"선생님. 그럼 바르게 산다는 것은 또 어떤 것입니까?"

"바르게 산다는 것은 틀리지 않게 산다는 말일세. 즉, 앞서 말한 유무형적 가치와 인간적 도리가 대립할 때 인간적 도리 쪽을 선택하는 것을 말함일세."

그의 대답을 듣고 나자 나는 다시 좀 혼란스러워졌다.

그동안 별 생각 없이 그저 쉽고 흔하게 얘기하고 또 들어왔던 가치라든가, 바름이라던가 하는 단어들의 본래 뜻이 정말 이렇듯 어렵고 복잡한 것이었던가 하는 생각마저 들었다.

내가 다시 보충질문을 했다.
"인간적 도리라 함은 구체적으로 어떤 것입니까?"
"효심, 신의, 애정, 양심 같은 것 아니겠나."
"그런 것들이 가치와 양립되는 개념이랄 수 있습니까?"
그는 잠시 뜸을 들이더니 대답했다.
"이를테면 자신의 이로움을 추구하고 싶지만 스스로 그것을 쫓지 아니하는 그런 경우를 말함일세. 굳이 좀 비약적 예를 들자면 만일 어떤 사람을 해치는 것이 나 자신의 이익에 부합할 수 있는 것이라 가정했을 때 손해를 감수하면서도 그를 해치지 않는 쪽을 택하는 것이라고 하면 쉬 이해가 가겠는가?"
"그럼 가치 있게 사는 것과 바르게 사는 것은 어느 쪽이 더 중요하고 우선입니까?"
"그것은 현실적 한계상황을 고려해 볼 때 우열로써 가릴 수 없는 각자의 선택사항이라 할 수 있네."
"그럼 가치도 추구하면서 바르게 살수도 있으면 그것이 곧 최상의 삶의 방법일 수 있겠군요?"
"그렇지."
"그렇다면 가치라 할 수 있는 선한 마음과 도리라 할 수 있는 자비심은 또 어떻게 다른 것입니까?"
"선량심이란 앞서 말했듯 궁극적으로 남들에게 유무형적 도움을 주는 마음가짐이며, 자비심이란 자신이 손해를 보면서도 남들을 이해하고 사랑하고 용서하고 포용하는 마음인 것일세."
"그럼 최소한 그 중 어느 한 가지 마음만을 지니고 살아도 나름 의미 있는 삶이라 할 수 있겠습니까?"

"현실적 여건과 정황으로 미루어 잘못 산 것이라고는 말 할 수 없겠지."

나는 막상 현실에서 살아가는 문제와 관련한 얘기가 나오자 그에게 물어보고 싶은 말들이 가슴속에서 용솟음치듯 쏟아져 나왔다. 따라서 나는 질문의 두서와 논리와 의미를 따질 겨를도 없이 머릿속에서 우선 떠오르는 대로 그에게 마구 물었다.

그러한 질문과 대답들 속에는 남들이 들으면 이미 초중학교 때 다 듣고 배운 것들일 수도 있는 아주 기초적인 문제들도 적지 아니 포함된 듯 했지만, 그러나 최소한 나에게 있어서만큼은 그가 말하는 한 마디 한 마디의 말들이 왠지 모두 그저 새롭게만 느껴지고 들려지는 것이었다.

근원
_ 마음의 뿌리

그와 정신없이 대화를 나누다보니 어느 새 늦은 아침나절 햇살이 눈부시게 내리 쬐고 있었다.

그는 '어제 내린 비로 약초밭에 별 피해가 없는지 잠시 둘러보고 오겠다'며 서둘러 산으로 올라갔다.

암자에 혼자 남게 된 나는 따갑게 비쳐드는 햇빛을 피해 다시 방 안으로 들어왔다.

문을 열어 둔 채 마치 좌불(座佛)처럼 멍하니 앉아 밖을 내다보고 있으려니 문득 20대 시절 써 두었던 〈山房歌〉라는 시조 한 편이 기억났다.

친구도 아니 오고 식구들도 마실 가고
집안은 심산 절간 부처처럼 홀로 앉아
화엄경 그 한 구절을 열두 번도 더 외운다.

내 오늘 방안에 앉아 시름에나 잠겨들면
이 한 평 공간마저 채울 길 없는 적막인데
우주가 아무리 넓은들 내 알 바 아니더라.

나는 이 시조를 마음속으로 읊조리며 어쩌면 그 내용이 지금의 내 심경이나 상황과 그렇듯 흡사한가 싶어 피식 웃음이 흘러 나왔다. 나는 그가 돌아올 때까지 잠시 혼자 앉아 다시 생각을 정리해 보기로 했다.
방금 그와 나는 대화중 삶의 의미와 가치에 관한 내용들을 머릿속에 떠 올려 봤다. 하지만 잡힐듯하면서도 아직 무언가 가슴에 딱 닿아오는 명확한 해답은 얻지 못한 느낌이었다. 그동안 내가 혼자 생각하고 공부해 온 것보다는 그래도 한결 본질에 근접한 듯 여겨졌지만 그러면서도 그 무엇인가 못내 아쉽고 미흡한 듯 여겨졌다. 그렇다면 내가 찾고자 하는 그 무엇인가에 대한 좀 더 확실한 해답이란 결국 세상에 존재하지 않는 것인가?

나는 문득 내가 품고 있던, 내가 알고자 했던 모든 의문들에 대해 또 다시 회의가 느껴졌다. 이어 의문이 의문을 낳고, 번뇌가 번뇌를 낳는 것처럼 내 마음 속에서는 새로운 상념들이 하나씩 돋아나기 시작했다.

흔히 말하듯 내가 찾고자 하는 삶의 의미와 가치란 정말 가치 있고, 정말 의미가 있는 것인가? 또한 나는 몇십 년 동안을 그토록 고민했음에도 왜 그에 대한 해답을 전혀 찾아낼 수 없었던 것일까? 단지, 내가 너무 무지한 때문이었을까? 아니면 그것이 정말 그렇게도 답을 찾기 어려울 정도로 복잡, 심오한 문제였던 때문이었을까?

그렇다면 다른 모든 사람들은 그에 관해 답을 알고 있는 것일까? 또는 아예 관심도 없는 것일까? 그리고 나는 왜 그런 것들을 굳이 생각하고 고민하면서 살아야 하는 것일까? 삶의 의미가 있든 없든 나는 그런 것을 일일이 따지고 알아내서 대체 무엇을 어쩌자는 것일까? 그저 남들처럼 별 생각 없이 평범하게 살아도 좋을 것을, 나는 왜 모든 것에 대하여 그렇듯 일일이 논리적 이치를 찾고 해답을 구하고자 애쓰는 것일까?

또한 나는 언제부터, 어떤 계기로, 그렇듯 삶의 의미와 가치를 찾으려 안간힘을 쓰며 고민하게 되었던 것일까?

'언제부터, 어떤 계기로……?'

생각이 여기에 딱 미치는 순간 나는 갑자기 머릿속에서 섬광이 번쩍이는 듯한 느낌을 받았다. 그 느낌은 극히 찰나적인 것이었으나 너무도 강렬하여 내 머릿속을 대낮처럼 환히 밝히고 지나갔다. 그리고 나는 그 밝은 빛 속에서 마침내 무엇인가를 발견해 내게 되었다. 나의 뇌리 속에 마치 단단한 옹이처럼 박혀 있는 아니, 선명한 화인(火印)처럼 찍혀 있는 그 어떤 깊디깊은 상처의 자국을 나는 보았던 것이다.

어쩌면 바로 그것이 그동안 나로 하여금 삶에 대한 온갖 의문과 번뇌를 불러일으키게 하고 삶의 의미와 가치를 찾아 오랜 방황을 거듭하게 한 근본원인일지 모른다고 생각했다.

그것은 다름 아닌, 바로 20여 년 전 내 생애 최초의 잃어버린 사랑에 관한 뼈저린 회한이며 그리움이며 비애이며 온갖 사무침과 안타까움이며 그리고 세상 모든 말들을 다 동원해도 형언할 수 없을 것 같은 그 모든 간절한 기억과 고통의 흔적들이었다.

그때 내가 상실해버린 사랑은 나에게 있어 곧 우주였고 우주 내의 모든 것들이었고 내 영혼의 전부였다.

따라서 나는 그것을 잃어버리는 순간 내 삶의 존재 의미도 가치도 그리고 다른 모든 소중한 것들도 동시에 다 상실해버리고 만 것인지 모른다는 생각이 들었다.

그리하여 나는 지금껏 나 자신의 존재의미와 삶의 가치를 되찾고자 그토록 애를 써 왔던 것인지도 모른다는 생각이 들었다. 정녕 그것 때문이었고 오직 그것이 원인의 원인이었을 수도 있겠다는 생각이 들었다.

나는 그 후 20년이 지나도록 단 하루도 빠지지 않고 잃어버린 사랑에 대한 추억을, 그리움을 마음속으로 되새기곤 했었지만, 정작 그 사랑의 잃어버림이 나로 하여금 삶의 근본적 의미와 가치마저 상실하게 한 원인으로 작용했을 수도 있었을 거라고는 전혀 생각하지 못했었다.

또한 세월이 지나면서 어느 정도 가시고 치유된 줄로만 알았던 그 쓰라린 아픔의 기억들이, 그 상처로 인한 염균(炎菌)들이, 여전히 내 뇌리 속에서 깊숙이 똬리를 튼 채 새롭게 돋아나는 삶에 대한 내 모든 의지의 싹들을 나날이 조금씩 갉아먹고 있었던 것일 수도 있다고 생각하니 나는 일면 인간의 정념(情念)에 대한 지독성에 소름이 끼쳤다.

나는 비로소 내 모든 의문과 번뇌가 비롯된 근원을 어느 정도 밝혀내게 된 것 같은 느낌이었다.

그렇다면 나는 이제 어찌해야 되는가?

내게 있어 그 잃어버린 사랑이야말로 나의 절대적 삶의 의미이며 가치이며 모든 것이었을진대, 앞으로 내가 과연 세상에서 그에 견줄만한 어떤 새로운 의미와 가치를 발견하거나 찾아낼 수 있을 것인가?

그것을 찾아내지 못한다면 나는 끝내 번뇌와 갈등과 허무감 속에서 헤어나지 못한 채 살 수밖에 없는 것인가? 자신의 존재의미와 삶의 가치를 느끼는 일에 있어 최선이 아닌, 차선의 것을 추구하면서도 과연 진정한 행복감을 느끼며 살 수 있을 것인가?

또한 인간의 사랑이야말로 그가 말한 최고의 가치나 최상의 도리보다 궁극적으로 우위에 설 수 있는 것은 아닌가?

나는 이런저런 생각에 머릿속이 너무도 혼란스럽고 복잡해져 자리를 박차고 밖으로 뛰쳐나왔다.

사방엔 한낮 산속의 눈부신 햇살이 마치 은빛가루처럼 가득히 쏟아져 내리고 있었다.

암자 주변의 숲으로 바람이 산들거리고 지나갈 때마다 온갖 나무의 이파리들이 마치 여울 속 피라미떼처럼 몸을 뒤채며 반짝거렸다. 그것은 흡사 바람이 나뭇잎을 흔드는 것이 아니라 수많은 나뭇잎들이 고요에 겨워 제 스스로 몸을 뒤채어 바람을 일으키고 있는 듯 느껴졌다.

나는 그 환하고 맑고 빛나고 아득하기 만한 한낮의 햇빛과 정적에 쌓여 잠시 동안 깊은 몽환의 늪 속으로 빠져들었다.

자비심
_사랑의 마음

내가 마치 꿈길을 헤매듯 과거의 회상 속에 잠겨 있을 때 그가 돌아왔다.

그는 자신이 씨 뿌려 기르고 있다는 산양삼을 두어 뿌리 뽑아와 먹으라며 건네주었다. 그와 나는 암자 옆 샘물 가로 가서 그것들을 한 뿌리씩 물에 씻어 씹어 먹었다.

그가 세수를 하고 몸을 씻는 동안 나는 잠시 시원한 나무그늘 밑에 앉아 그야말로 어느 시인의 싯귀절처럼, '속(俗)도 도(道)도 다 벗고 그저 무위인 채로' 사람이 산중에서 이렇듯 유유자적 평생을 살아갈 수도 있겠구나 하는 생각을 언뜻 했다. 그러나 나는 또 이내 그렇게 사는 것은 사람이 사는 바른 길이 아닐 거라고 생각을 수정했다. 그것은 이를테면 산짐승이나 들짐승, 풀벌레들의 삶이라면 모를까 최소한 인간으로서 의미와 가치를 지닌 삶의 방식은 아닐 것이라는 생각이 들었기 때문이다. 그리고 이는 바로 내가 좀 전에 그를 통해 들었던 인간 삶의 참된 의미와 가치에 대한 정의(定義)를 바탕으로 유추하여 도달한 결론이기도 했다.
"자네는 방금 전 또 무슨 망상에 빠져 그렇듯 몽롱해 있었는가?"
몸을 다 씻고 난 그가 나에게 먼저 말을 건네 왔다.
나는 기다렸다는 듯이 그에게 말했다.
"선생님. 아까 말씀하신 절대의 가치나 최상의 도리보다 더 우위의 것을 발견했습니다."
나의 느닷없는 말에 그는 다소 의아한 표정을 지어 보였다.
나는 마치 스스로 대단한 진리라도 깨달은 양 확신에 찬 말투로 그에게 다시 말했다.
"그것은 바로 사랑의 감정입니다."
내 말을 들은 그가 잠시 나를 바라보더니 빙그레 웃으며 입을 열었다.
"이제야 무언가 한 가지씩 이치를 깨우쳐 가는 모양이로구먼. 맞는 말일세. 인간의 선함과 도리가 궁극에 이르면 그것이 바로 사랑으로 화하는 것일세. 그런데 사랑이란 표현보다는 부처님이 말씀하시는 자비라고 표현하는 것이 더 적절할 것이네."
나는 그의 대답을 듣고 약간 당혹스러움을 느껴야했다.
내가 방금 그에게 했던 말은 사실 부처님의 그런 대자대비한 사랑의 의미에 대해 말한 것이 아니라 단지, 세속의 남녀 간 사랑을 염두에 두고 한 말이었는데 그가 이를 너무 확대해석하자 나는 어찌 대답을 해야 할지 좀 난감해져 버렸다.

그러나 나는 또 이내 내가 방금 전까지 생각하고 느낀 것들을 사실대로 말하기로 작정하고 그에게 자초지종을 털어놓았다.

그는 내 얘기를 다 듣고 나더니 한동안 아무 말이 없었다.

나는 실은 그에게 나의 과거 사랑이야기를 절절히 털어놓으면서도 내심 좀 쑥스러운 생각이 들었던 터라 내가 다시 먼저 입을 열었다.

"선생님. 제가 방금 말씀드린 개인적 사랑 얘기가 제 나름대로는 정녕 숭고하기까지 한 것으로 느껴왔었는데, 막상 말씀드리고 보니 어쩐지 자꾸 유치한 듯만 여겨지는 것은 또 무슨 연유에서입니까?"

그는 다소 장난기 어린 얼굴로 나를 넌지시 바라보더니 대답했다.

"자네 스스로도 유치함을 느끼겠는가? 세상 대부분의 사람들 역시 자네처럼 자신들의 사랑만큼은 모두가 더 없이 순수하고 고결한 것으로 생각들을 하고 있지만, 그것은 사실 진정한 사랑이라기보다는 한낱 애욕에 지나지 않는 것일세. 또 그러한 애욕을 벗어나지 못한 남녀의 사랑이란 결국 짐승들이 짝을 이루는 행위와도 별 다를 바 없는 것이고. 그래서 남들에게는 대부분 통속하고 유치하게 보여 지고 느껴지는 것이라네."

나는 그의 말이 미처 끝나기도 전에 다시 되물었다.

"선생님. 그럼 저의 사랑도 정녕 그러한 애욕의 수준에서 벗어나지 못한 것이란 말입니까?"

"자네의 경우 애욕의 수준에서는 간신히 벗어난 듯 보여지나 아직 최종 단계에 이르자면 멀었네."

"남녀의 사랑에도 단계가 있습니까?"

"물론이지. 남녀의 사랑이란 대게 단순한 정욕에서부터 시작하여 애욕, 집착, 연민, 존중, 희생의 단계로 이어져 마침내 진정한 사랑이랄 수 있는 대자비의 단계에 이르게 되는 것이네. 그리고 대자비의 최종단계란 이미 서로의 관계와 존재를 그리고 남녀라는 성별까지 초월한 인류애적 사랑이라고 말할 수도 있는 것이네. 또한 이는 모든 종교에서 추구하는 중생 선도의 최종 목표이기도 한 것일세."

내가 다시 물었다.

"그럼 저 같은 경우엔 어찌해야 하는 것입니까?"

"부질없는 애욕과 집착에서 그만 벗어나게. 부처님께서도 이르기를 인간이 가장 경계해야 할 것은 애욕에 빠져드는 것이라 하였네. 그리고 자네는 무언가 최상의 인간 가치를 찾고자 애를 쓰면서 어찌 그렇듯 자기만의 가치에만 연연하여 살려고 하는가?"

나는 그의 말을 들으며 잠시 머릿속으로 생각을 정리해 봤다.

그의 말대로라면 남녀 간 사랑이라고 하는 것은 단지, 동물적 본능에 따른 정욕의 단계에서 시작하여 서로 그 마음을 얻으려는 애욕, 그것을 잃지 않으려는 집착, 상대를 무한히 가엾고 긍휼히 여기는 이른바 노부부들의 사랑과도 같은 연민, 마음 깊이 서로를 우러르는 존중, 상대를 위해서라면 무엇이든 다 할 수 있는 희생 그리고 최종적으로 상호 관계와 존재까지를 초월한 대자비적 사랑의 단계까지라 할 수 있을 터였다.
그럼 나의 사랑이란 것 역시 정녕 상대의 마음을 얻고 구하려는 또는 그것을 끝내 잃지 않고 간직하고자 애쓰는 애욕과 집착의 단계에서 벗어나지 못한 것이었단 말인가?
하지만 나는 스스로의 물음에 동의할 수 없었다. 물론 그러한 부분 역시 내 마음속에 어느 정도는 남아있을 터이지만 또 한편 나의 사랑이야말로 최소한 상대를 위해서라면 무엇이든 기꺼이 다 바칠 수 있는 희생적 단계에까지는 이르러 있지 않은가 하는 나름의 소신을 끝내 떨쳐버릴 수 없었기 때문이었다.
내가 생각을 이쯤 정리하고 있자 그가 다시 말을 이었다.
"자네, 부처님 말씀을 한번 공부해 보게. 그러면 아마 무언가 크게 얻고 깨닫는 것이 있을 걸세. 나 역시 자네처럼 젊은 시절 한 때 많은 정신적 방황을 거듭했던 적이 있었으나, 부처님을 알고 난 뒤에야 비로소 그와 같은 번뇌에서 간신히 벗어날 수가 있었네. 부처님 말씀이란 사실 자네가 세속에서 한 구절씩 귀동냥으로 얻어들은 것과는 하늘과 땅 차이인 것일세. 부처의 존재란 그리 간단한 존재가 아닐세. 지금까지 세상에서 나를 매료시킨 유일한 존재가 바로 부처라네."
그는 화제를 돌려 이번에도 나에게 불교의 교리를 공부해보라고 거듭 권유했다.
하지만 나는 그의 말에 다소 불만 섞인 투로 대답했다.
"선생님. 저는 종교를 믿고 싶어도 모든 종교의 계율이나 규범이 너무도 비현실적 제약이 많아 그것이 가장 못마땅합니다. 또한 저 자신 그렇듯 안이하고 나약하게 오직 신앙심 같은 것에 의존하여 마음의 평안을 누리며 살고 싶지는 않습니다."
그러자 그가 즉시 반박했다.
"그럼 자네는 지금처럼 온갖 우주고에 얽매어 번뇌 속에 사는 것이 정녕 심신이 자유롭다고 느끼는가? 구도의 길을 걷는다는 것은 바로 그런 번뇌의 구속으로부터 스스로 벗어나 진정한 대자유를 찾는 일일세. 마음 속 번뇌의 늪에서 한 시도 벗어나지 못하면서 단지, 그 행동이 좀 편하다고 하여 그것을 진정한 자유로움이라고 느낀다면 그야말로 어리석은 것이네. 그건 자유가 아닌, 일상의 안락함만을 찾는 게으름일 뿐인 것일세. 또한 누가 신앙심에만 의탁하여 마음의 안정을 찾으라고 하였는가? 자네 말마따나 그것은 마치 술을 마시고 현실의 번뇌를 달래거나 잊으려는 행위와도 전혀 다를 바 없는 것일세. 내 말의 참뜻은 부처님 말씀 속에 담겨 있는 진리를 공부하고 깨달아 스스로 마음의 번뇌로부터 벗어나고 스스로 심신의 자유와 평안을 찾아보라는 얘길세. 그리고 종교의 규범이란 것 역시 뭐 그리 큰 불편과 제약이 될 수 있겠는가? 이미 진정한 수행의 자세가 되어 있는 사람들한테야 그런 것쯤 스스로의 마음 법에 따라 얼마든지 조절하고 통제할 수가 있는 것 아닌가 말일세."
나는 그의 말에 수긍하면서도 또 일면 억지를 쓰듯 다시 물었다.
"선생님. 아무튼 인간이 고작 몇십 년에 지나지 않은 그 찰나적 생사소멸의 과정과 한계를 초극하지 못한다면 그리하여 단지, 그 몇십 년 동안을 살다가 죽고 나면 다 끝이고 그만인 것이라면 현실에서의 깨달음이 무슨 필요이며, 그 모든 가치와 의미를 추구하며 사는 것 또한 결과적으로 무슨 소용이 있겠습니까? 그저 자기 편한 대로 아무렇게나 살다 가면 그만인 것 아니겠습니까?"

그가 나를 뻔히 바라보다가 한마디 툭 던졌다.

"그럼 그렇듯 아무렇게나 살게나."

"예?"

그의 말에 나는 다소 어리둥절해졌다.

"왜? 또 막상 그리 살기는 싫은가?"

내가 아무 말도 못하자 그가 다시 말을 이었다.

"자네가 말한 방식으로 얘기하자면 그럼 인간이 살면서 깨달음을 얻지 않으면 무엇할 것이며, 가치와 의미를 찾지 않으면 무엇할 것이며, 열심히 살지 않으면 또 무엇할 것인가? 그리고 그렇듯 살지도 죽지도 못하고 온갖 번뇌에만 집착해 괴로워한들 또 무슨 소용이겠는가?"

이번에는 나도 지지 않고 맞받았다.

"오직 그것만으로 인간이 본질적 허무감을 극복하고 삶에 충실하기란 너무 명분이 약하지 않습니까? 그것은 차선의 방도이기도 하구요."

그가 대답했다.

"어차피 그 보다 더 나은 최상의 명분, 최고의 가치가 있다한들 사람이 느끼기에 따라 부족함이 여겨지기는 마찬가지인 것일세. 또한 세상을 살다보면 때로는 차선의 방도가 최선의 방도일 수 있는 경우 역시 수없이 많은 것이고. 이는 현실적 삶에 있어서도 같은 이치일세. 예를 들어 세상에는 최고의 권력, 최고의 부자, 최고의 명예를 지닌 사람이란 어차피 한두 사람뿐인 것이고 또한 그들 역시 자신들의 삶에 전적으로 만족하며 살 수는 없을 것 아니겠는가? 뿐만 아니라 그렇다면 그 위치에도 오르지 못한 나머지 사람들은 또 어찌해야 하겠는가? 그들은 아예 다 죽어야 하고 모두 삶의 의미와 가치를 느낄 수 없어야 하겠는가? 따라서 그것 역시 일종의 자네 욕심일 뿐일세."

"그럼 도대체 인간이 가장 행복하게 사는 길은 무엇이며, 진정한 행복이란 정녕 어떤 것입니까?"

나는 거의 애원하다시피 그에게 매달리고 있었다.

"진정한 행복이란 심신의 상태가 더 없이 즐겁고 편안하고 만족한 상태에 이르는 것일세."

"그것의 옳고 그름, 가짐과 못 가짐을 따지지 않고 말입니까?"

"그것이 정녕 옳지 않다면 그 마음이 즐겁고 편안할 수 있겠는가? 또한 인간이 아무 것도 지닌 것 없이 그 육신인들 온전히 즐거움과 만족함을 누릴 수 있겠는가?"

"그럼 결국 아까 말씀하신 대로 인간은 가치와 도리를 추구하며 현실에서 열심히 살 수 밖에는 없다는 결론에 이르고 마는군요."

"자네, 뛰어봤자 부처님 손바닥이라는 말도 있지 않은가. 인간들이 제 아무리 최상의 진리를 찾아 고민하고 헤매 다녀본들 결국 원점으로 되돌아 올 수밖에 없는 것이며, 부처가 깨달은 진리 이상은 더 찾을 수가 없는 것이네."

나는 이번에도 그의 말에 수긍하고 항복할 외엔 다른 방도가 없었다.

본질
_ 허무와의 대면

그러나 나는 그의 논리에 공감은 하면서도 무언가 여전히 가슴속이 텅 비어있는 것만 같은 그 본질적 공허감만큼은 끝내 채워지지 않는 느낌이었다.
그것은 깊고 깊은 허무의 늪이었다. 내 존재가 간신히 발 딛고 선 저 아래 아득하고 아득하기 만한 허무의 심연(深淵)이었다. 어쩌면 내 의식은 이제 그 밑바닥까지는 겨우 바라본 듯 한데 문제는 그 무한으로 비어 있는 마음의 빈 공간을 과연 무엇으로 채울 수 있을까? 하는 것이었다.
나는 다시 생각을 정리해봤다.
나는 그동안 내 삶의 의미와 가치를 상실하게 했던 그리고 나를 오랜 방황과 번뇌의 늪으로 빠져들게 했던 그 원인에 대해서는 간신히 알아내고 밝혀내었다고 생각했었으나, 지금 또 가만 생각해보니 그 역시 진짜 근본 원인은 아니었다는 느낌이 들었다.
내가 정녕 애타게 찾았던 것, 내가 간절히 구했던 것, 그것은 바로 인간 생멸(生滅)에 관한 본질적 허무감을 채워 줄 그 어떤 궁극의 가치이고 해답이었지 않았는가 하는 생각이 들었다.
내가 만약 남들처럼 지나간 사랑을 이루어 평생 세속에서 온갖 재미와 즐거움에 빠져 살았다 한들 또는 그가 말한 대로 보다 귀한 어떤 의미와 가치를 추구, 큰 업적과 성취를 이루었다 한들 그 역시 무언가에 잠시 취해 삶의 본질적 허무감을 단순히 잊거나 잠시 외면하는 것일 뿐 근본적으로 그것이 해소되는 것은 아닐 터였다. 오히려 거기에서 깨어나는 순간 더욱 큰 허망감에 괴로워할 수밖엔 없을 것이었다.

말하자면 나는 '삶의 과정'에서의 의미와 가치보다는 '삶 그 자체'에서의 본질적 의미와 가치를 찾고자 했던 것이다.

물론 그의 말처럼 인생이 허무하다 하여 아무것도 안한 채 그저 탄식만 하고 앉아 있는 것보다는 그래도 무엇인가 열심히 노력하여 현실에서 다소의 업적이라도 이루고 쌓아 가는 것이 일면 낫기는 할 터였다. 그러나 그것은 그야말로 어쩔 수 없이 선택하는 차선의 수단일 뿐 궁극적 문제 해결의 방도와는 거리가 먼 것이 아닌가 싶었다.

그렇다면 인간의 본질적 허무감이란 과연 어디에서 비롯되는 것인가? 그것은 바로 인간이란 존재가 다른 생명체들처럼 자연발생적으로 태어나 불과 몇십 년 동안의 삶을 살다가 죽고 나면 영원히 소멸되어 버린다는 절대적 한계상황의 인식에서 비롯되는 것이었다.

이를테면 내 나이 현재 마흔이라 가정했을 때 내가 우주에서 존재할 수 있는 시간은 최대한 길게 잡아 봐야 50년도 채 안 될 터이고 또한 그 50년 후 나라는 존재는 세상에서 완전히 소멸되어버리고 만다는, 이 너무도 기막힌 사실이 나로 하여금 견딜 수 없는 허무감에 빠져들도록 만드는 것이었다. 뿐만 아니라 지금 이 순간 현존하는 세상의 모든 인류 역시 앞으로 100년 남짓한 기간 내에 단 한 사람 예외 없이 그야말로 영영 소멸해 버리고 만다는 그 끔찍하고 슬픈 사실을 내 이성(理性)은 도저히 외면하거나 망각해 버리지 못하는 것이었다.

이는 어찌 생각해보면 모든 인간은 마치 사형선고를 받고 대기 중인 사형수와도 전혀 다름없는 것이었다. 단지, 조금 차이점이 있다면 그 형의 집행기간이 몇십 년 정도 유예되어 있다는 차이뿐이었다.

따라서 이런 기막힌 상황에 놓여 진 사람에게 '그래도 현실 속에서 어떤 의미와 가치를 찾고 보람과 행복을 이루기 위해 열심히 살라'는 등의 말을 한다는 것은 마치 사형수에게 형이 집행될 때까지 만이라도 감옥 안에서 보람과 행복을 찾으며 열심히 생활해 보라고 위로하는 말만큼이나 부질없이 들리는 것이기도 했다.

최소한의 지각능력을 갖춘 인간이라면 이런 절체절명의 기막힌 상황을 앞에 두고 어찌 단순히 일상에서의 즐거움과 행복감에 빠져 모든 걸 잊은 채 희희낙락하며 살아갈 수 있단 말인가? 또한 앞으로 살아 있을 날이라야 고작 몇십 년, 그 순식간에 다가올 죽음의 상황을 코앞에 두고 어떻게 태연히 미래 삶의 계획을 세우고 새로운 희망을 설계할 수 있단 말인가?

세속에서의 부귀영화, 지고지순한 사랑, 깨달음을 위한 노력, 인류를 위한 자기희생 등등 그 어떤 대단한 의미와 가치를 추구하며 산다 한들 단지, 약간의 정도 차이만 있을 뿐 결국 죽음과 죽음 후의 영원한 소멸에 대한 본질적 허무감에서는 벗어날 수 없는 것이었다.
또한 이는 삶에 대한 어떤 속된 집착이나 욕심, 그리고 죽음에 대한 억울함과 두려움 따위에서 비롯된 생각이 아니라 그 본질의, 그 궁극의 상황과 이치를 생각했을 때 필연적으로 느낄 수밖에 없는 감정이기도 한 것이었다. 그렇다면 인간 삶의 본질적 허무감을 극복하고 해결할 수 있는 유일한 길은 무엇인가?
그것은 바로 인간이 절대로 죽지 않고 반드시 현세에서 영생을 이루는 오직 그 길 뿐이었다. 죽으면 모든 것이 끝이기에 일단, 어떻게든, 무조건, 인간이 죽지 않는다는 사실이 전제되고 성립되어야만 해결 가능한 것이었다. 그러지 않는 한 결국 인간은 100년을 살다 죽던 200년을 살다 죽던 약간의 시간 차이만 있을 뿐 허무한 것은 마찬가지일 터였다.
그러나 인간이 죽음을 초극한다는 것은 영원 불가능한 일이었다. 의술 발달로 얼마간의 수명 연장은 가능할지 모르지만 결국 모든 인간은 죽을 수밖에 없는 일이었다.
그럼 어찌해야 하는가?
그렇다고 종교에 귀의해 죽음 이후의 영생이나 믿고 바라며, 그것을 정신적 위안삼아 별 생각 없이 남은 삶을 무난하게 살아갈 정도로 내 이성의 감각은 무디지 않았다.
또한 나는 설령 죽은 뒤 영생을 얻는다 할지라도 나의 삶을 내 의지대로 살지 못하고 오직 신의 종이 되어 그야말로 로봇처럼 살게 될 바엔 차라리 안 살고 마는 것이 나을 것이라고도 생각했다. 그것은 이미 나라는 존재의 주체적, 개체적 삶이 아닌 것인 바 아무런 존재의미도 없는 삶일 뿐이라고 생각했다.

그렇다면 인간존재의 본질적 허무감을 해결할 방법이란 정녕 없는 것인가?

그의 말대로 인생이란 원래 그렇듯 허무한 것이라고 정의한다면 그 허무한 인생을 죽지 못해 억지로 구실을 만들고 의미와 명분을 만들면서 살아야 하는 인간의 모든 작위(作爲)야말로 얼마나 가엾고 안스러운 것인가?

설령 인간이 현세에서 영생을 이루지는 못하더라도 무언가 삶과 존재의 허무감을 극복할만한 진짜 의미 있고 가치 있는 대의명분이란 정녕 세상에 없단 말인가?

나는 나의 내면에서 들려오는 이런 간절한 이성의 물음에 어떻게든 납득할 만한 대답을 찾아야만 했다.

결심
_ 마음의 매듭

그러나 인류 역사상 우주만물의 궁극과 본질 그리고 삶의 절대 이치를 밝히는 데에 있어 최상의 가르침이라 일컬어지는 불교의 교리에서조차 이렇다 할 대책을 못 내놓고 있는 그 불가해의 문제를 내가 과연 어떻게 해답을 찾아내고 풀어낼 수 있단 말인가.

물론 인간 존재의 시초에서부터 소멸과정까지에 관한 문제일 경우 생각을 하고 또 하다보면 어느 정도 이치에 맞는 논리를 정립할 수도 있겠지만 내 이성적 자아가 요구하는 것은 바로 그 한 단계 이전의, 한 차원 높이의 것에 대한 해답이었다. 즉, 인간존재의 시초 이전과 소멸 이후의 문제, 영육(靈肉)불멸의 방도, 그리고 최소한 영생(永生)의 가치에 버금가는 현실적 삶의 의미 등을 찾고 납득할 만한 해답을 구하는 것이었다.

이는 이제까지의 그 어떤 인간인식과 논리로도 결코 설명할 수 없는 전혀 새로운 깨달음을 얻어내야만 가능한 것이었다.

나는 잠시 내 이성적 자아를 설득하기 위해 마음속으로 대화를 시도해 봤다.

허무란 무엇인가? 절대의 공(空)이 아니겠는가. 그렇다면 허무 또한 없는 것 아닌가? 하지만 지금 절실히 느끼고 있지 않은가. 현실적 가치로서 채우면 어떠한가? 무엇으로 대신 채우는 것과 근본을 해결하는 것이 어찌 같을 수 있는가. 어차피 최선의 방도는 없는 것 아닌가? 궁극의 진리를 추구함에 있어 차선 따위가 무슨 소용인가. 그렇다고 죽을 수는 없는 것 아닌가? 그럼 삶의 당위성 역시 없는 것 아닌가. 사후 영생을 기대하면 어떤가? 그 역시 보장할 수 없는 것 아닌가. 죽음이란 끝이 아니라 삶의 완성일 수도 있지 않은가? 스스로에게조차 공허하게 들리지 않는가. 하지만 그것은 결국 초극할 길 없는 인간의 한계이지 않은가? 그러니 더더욱 찾아내야만 할 것 아닌가.

이처럼 내 영악한 이성(理性)은 도무지 막무가내로 그 해답을 구할 것을 요구했다. 아무리 달래고 꼬이고 속여 보려 해도 이미 한

발 앞서 내 속셈을 훤히 다 알아채었으며, 나의 내면에서 끊임없이 '찾아내라! 찾아내라!' 아우성치고 있었다.

나는 서서히 지쳐갔다. 모든 것이 한 걸음 나아갔다 싶으면 다시 제자리로 돌아와 있었다. 그러자 나는 문득 이렇듯 하고 한날 원점만을 맴돌고 있는 내 정신의 방황이 지겨워졌다.

나는 갈등했다. 결국 여기에서 포기할 것인가?

내가 가슴속으로 앓고 있는 이 허무라는 병에는 약이 없는 것일까? 이대로 죽는 날까지 그저 모든 본질적 회의와 한계상황을 단지, 참고 견디고 잊고 외면한 채 살수 밖에 없는 것인가? 그리고 이것을 단순히 나 개인의 병이라고만 치부해버릴 수 있는 것인가?

하지만 나는 이제 정말 벗어나고 싶다는 생각이 들었다. 이 지긋지긋한 의문과 번뇌의 올가미에서 탈출하고 싶다는 생각이 들었다.

나는 마침내 결심했다.

'내 오늘 그와의 대화에서도 이에 대해 분명한 해답을 못 얻을 경우 앞으로 다시는 인간존재의 본질적 의문 따위에 대해 고뇌하지 않으리라' 나는 굳게 다짐했다. 그러나 이 또한 나 자신의 지적 무능과 한계에 대한 스스로의 원망에서 비롯된 체념이자 푸념에 다름 아닐 것이었다.

나는 문득 궁극의 논리를 추구하는 내 이성적 자아에 대해 한편 부끄러워 졌고, 언제나 갈피를 못 잡고 방황만 거듭하는 내 존재에 대해 일면 경멸감이 느껴졌다.

하지만 나는 이제 더 이상 스스로의 의문과 질책, 고뇌를 감당해낼 만한 자신이 없어졌다. 이 문제 또한 신과 우주에 관한 의문처럼 아예 두 눈 질끈 감고 어느 쪽이든 선택하여 결론지을 수밖에 없다고 생각했다.

나는 이에 관해 최종 정리를 하는 의미에서 그에게 몇 가지만 더 질문과 확인을 하기로 했다.

해답의 정리
_ 풀기 힘든 숙제

나는 물었다.
"선생님. 해탈이란 무엇입니까?"
"허탈(虛脫)과 같은 말일세."
"무슨 뜻입니까?"
"만물, 만사의 공(空)함을 깨닫고 연연함에서 벗어난다는 뜻일세."
"그럼 열반이란 또 무엇입니까?"
"해탈 후 죽음에 드는 것일세."
"그것이 전부입니까?"
"그뿐이네."
"그럼 인간 존재의 본질적 허무를 초월할 수 있는 길은 끝내 없는 것입니까?"
"그것은 열반에 들어야만 가능한 것이네."

"그 역시 일종의 소멸과 망각에 지나지 않는 것일 수 있지 않겠습니까? 또한 살아남은 자들의 허무감은 그대로인 것 아니겠습니까?"

"하지만 그 이상의 방도는 없는 걸 어쩌겠나?"

나는 다시 물었다.

"그럼 진리를 깨닫는다 함은 무엇입니까?"

"우주만물의 생사소멸에 관한 이치를 아는 것일세."

"그럼 부처가 깨달은 진리 또한 단지, 그 뿐에 지나지 않는다면 그것이 과연 위대하고 신성한 것이라고 말할 수 있겠습니까?"

"부처는 이미 수천 년 전 오직 스스로의 지혜로써 인류가 지금까지 연구하고 밝혀 낸 세상 모든 물리적 이치를 깨달았을 뿐 아니라 인간의 바른 도리가 무엇인지 알고 몸소 실천하였으며, 이를 중생들에게 널리 설파하고 교화하였네. 따라서 부처는 가히 위대하다 할 수 있을 것이네. 내 말이 잘 이해가 가지 않는다면 자네도 부처님 말씀을 직접 한번 공부해보면 알 수 있을 것일세."

"정녕 부처가 알고 깨달은 이상은 더 알고 깨달을 것이 없단 말입니까?"

"없네. 그것이 곧 최상이며 전부일세."

그는 매우 단정적이고 확신에 찬 어투로 잘라 말했다.

"그렇다면 저를 늘 따라다니며 괴롭히는 이 삶의 무의미한 느낌과 허무감은 어찌 해결하면 좋겠습니까?"

"그것은 앞서 말했듯 자네가 오직 죽음에 들어야만 소멸되는 것일세. 그리고 죽느냐, 사느냐 하는 것도 오직 자네의 선택에 달린 것이고. 따라서 자네가 그 인간 존재의 본질적 허망감을 정녕 못 견디겠다면 스스로 용기를 내어 죽는 길 밖에는 달리 도리가 없는 것일세. 또한 그럴 용기와 결행력이 없어 앞으로 계속 살고자 한다면 무언가 차선의 의미와 가치라도 찾고 선택하여 열심히 사는 방법뿐일 것이네."

"정녕 그 외에는 방도가 없습니까?"

나는 여전히 일말의 미련이 남아 그에게 재차 확인했다.

"몇 번씩 말해야 알아 듣겠는가? 그리고 내 이참에 자네에게 특별히 한 가지 참고삼아 말해 주고 싶은 것은 세상 사람들이 자네처럼 삶의 온갖 번뇌와 망상에 사로잡혀 괴로워하게 되는 가장 큰 원인이라면 그것은 이른바 세속에서 지식인, 종교인이라고 자처하는 요망한 무리들이 아주 삿된 궤변과 요설들을 일삼아 온 때문일세. 이를테면 단지, 없는 것을 없다 말하지 않고 무언가 있는 것처럼, 모르는 것을 모른다 하지 않고 무언가 아는 것처럼, 전혀 아닌 것을 진짜 그런 것처럼 거짓말을 일삼으며 사기를 친 때문일세. 그러니 사리판단능력이 부족한 어리석은 중생들은 그런 헛소리에 미혹될 수밖에. 또한 그들의 삿된 말은 들을수록 점점 더 헷갈리고 복잡해지기만 하다 보니 대중은 평생 의혹과 번뇌의 늪에서 헤어나오지 못하게 되는 것일세."

이른바 혹세무민하는 부류의 사람들에 관한 얘기가 나오자 그는 또 다시 흥분한 말투와 기색으로 다소 언성을 높이기 시작했다.

나는 무언가 좀 더 반론과 이론을 제기해보고도 싶었지만, 그의 말에서 특별히 어떤 이치적 오류나 모순이 느껴지지 않았기에 더 이상 묻지 않았다.

하지만 그가 아무리 논리정연하고 이치에 맞는 말로 인간 존재와 삶의 의미를 분석하고 정의하고 설명해도 나는 끝내 인간 삶이란 결국 무의미하고 허무하다는 느낌만큼 떨쳐버릴 수 없었다.

하지만 나는 미리 결심했던 바와 같이 그에 관한 한 더 이상의 의문은 갖지 않기로 했다.

설령 그것이 어찌할 수 없음에서 비롯되는 포기와 체념 같은 것이라 할지라도 나로서는 정말 더 이상 어찌할 수 없는 문제였기 때문이었다.

나는 내 정신, 내 존재의 지극히 보잘것없는 능력과 한계에 대해 몹시 억울했고 절망스러웠고 슬퍼졌지만, 그러나 인간 삶의 본질이란 원래 그렇듯 무의미하고 허무한 것인 만큼 그의 말대로 이는 내가 죽지 않는 한 도저히 해소할 방도가 없는 것이라고 생각할 외에는 정녕 다른 방도가 없었던 것이다.

그리고 한편으로는 내가 애당초 그 해답도 대책도 없는 의혹과 문제를 가지고 오랜 세월 끙끙거리며 고민한 것 역시 이를테면 인간은 왜 새들처럼 자유롭게 천지간을 날 수 없고, 인간은 왜 거대한 바다나 산처럼 불멸할 수 없는가를 홀로 한탄하고 따져 물은 것과 다를 바 없는 지극히 어리석고 유치한 의문이었지 않았나 하는 생각이 들기도 했다.

따라서 나는 나의 모든 의문과 번뇌가 결국 부질없고 의미없는 것이었음을 스스로 인정할 수밖에 없었다. 그리고 어쩌면 인간존재의 허무함을 따지고 괴로워한다는 자체가 허무한 일이고, 그에 대한 해답이 없다는 것을 안 것이 최상의 해답일 수밖에 없다는 생각이 어렴풋이 들기도 했다.

부처
_넘을 수 없는 경계

나는 문득 이 참에 불교든 기독교든 종교에 귀의해 볼까 하는 생각을 잠시 해봤다. 특히 그의 말처럼 불교의 교리가 그렇듯 인간 최고의 지혜를 담고 있는 것이라면 그 역시 한번 전력을 다해 연구해볼 만한 가치가 있는 것이 아닌가 여겨지기도 했다.
나는 사실 20대 초반 동네의 교회에도 잠시 다닌 적 있었다. 그러나 1년도 채 못 되어 중도에 그만둬버리고 말았다.
이유는 내가 신앙심이 부족해서였다기보다 오히려 신앙심이 너무 철저했기 때문이라 함이 더 옳을 것이었다. 무엇에든 한번 마음이 빠지면 거기에 완전히 몰입해버리고 마는 내 단순한 성정 탓에 당시 나는 거의 광신도 수준에 가까웠다.
그러나 나는 전지전능한 하나님이 계신다고 믿으면 믿을수록 전지전능한 하나님이 계시는 한 도저히 일어날 수 없고 또 일어나서는 안 될 세상의 온갖 모순되고 불합리하고 부당하고 참담한 현상들을 끊임없이 접하면서 극심한 정신적 회의와 갈등에 빠지지 않을 수 없었다.
그것은 나의 신앙심이 아무리 깊다 해도 도저히 그냥 지나치고 덮어버릴 수 없는, 그야말로 최소한의 사고능력과 문제의식을 지닌 인간이라면 어쩔 수 없이 느끼고 가지게 될 수밖에 없는 신의 존재에 대한 근원적 의문이고 회의였기 때문이었다.

아무리 신앙이란 것 자체가 논리의 차원이 아닌 믿음의 차원에서 비롯되는 것이라고 하지만 나는 나의 그런 지극히 기본적인 의문조차도 이치에 맞게 설명하고 납득시켜 주지 못하는 종교의 교리에 대해 단지, 아무런 의식 없이 무조건적으로 따를 수만은 없었다.

차라리 '빛이 있으라!' 하니 빛이 있고, '낮과 밤이 생겨나라!' 하니 낮과 밤이 생겨났다는 등의 마치 동화와도 같은 성경구절은 그나마 믿고 따를 수 있었다. 하지만 세상을 살면서 끊임없이 목도하고 부딪혀야만 하는 이른바 종교적 교리와 현실세계와의 그 온갖 모순, 괴리현상만큼은 도저히 어떤 논리로도 스스로를 납득시킬 수 없었던 것이었다.

그리고 내가 신앙생활을 그만두게 되었던 또 한 가지 원인은 바로 나 자신의 지나치게 소심한 성격 때문이었다.

나는 교회를 다니는 동안 그야말로 날이면 날마다 지극히 사소한 것 한 가지라도 하나님 말씀을 완벽히 이행하며 살지 못하는 데 대한 온갖 가책과 죄스러움에 괴로워해야만 했었다.

그러나 평소 나와 별반 다를 것 없는, 혹은 나보다도 훨씬 더 하나님의 계율을 지키지 못하고 살아가는 듯 여겨지는 주변 사람들이 전혀 아무렇지도 않게 태연자약 신앙생활을 하는 모습을 보면서 나는 과연 인간에게 있어 진정한 종교의 의미란 무엇이고 하나님의 존재란 무엇이며 올바른 신앙이란 무엇인가? 하는 등의 근본적 의문을 수 없이 느껴야했고 또한 그로 인해 적지 않은 내적 혼란과 갈등을 겪어야만 했었다.

나는 그러면서 차츰 교회와 멀어졌었고, 그때 이후로 지금까지 무신앙의 상태로 지내왔었다.

하지만 지금 와서 다시 가만 생각해 보면, 기독교의 교리가 이치에 맞건 안 맞건 상관없이 또는 하나님이 실제 존재하건 존재하지 않건 상관없이 아니, 가사 하나님이 전혀 존재치 않는다는 것이 확인되고 입증되었다 할지언정 순전히 억지로라도 가슴속에 하나님의 존재를 감싸 안고 믿으며 살아간다 한들 그것이 뭐 그리 잘못된 일일까 싶은 의문이 마음 한편에서 드는 것이었다.

예부터 우리 조상들 거의가 마음속으로 믿고 섬겨왔던 지신, 산신, 칠성신, 성황신, 용왕신 등 온갖 민속 신앙 같은 것 역시 거기에 꼭 어떤 합리적 이론이 있고, 과학적 근거가 있어 사람들이 이를 믿고 섬기는 것은 아닐 터였다.

또한 신령의 존재와 세계를 애써 부정하면서 결국 해답도 대책도 없는 세상 온갖 의문과 번뇌만을 가슴에 싸안고 괴로워하며 사는 것보다는 차라리 하나님이든 부처님이든 용왕님이든 또 무슨 신령님이든, 신의 존재를 애써 믿으면서 그 신앙의 힘으로나마 인생을 보다 평안하고 선량하게 살아가는 것이 개인적으로든 인류사회 전체적으로든 훨씬 더 긍정적이고 희망적인 삶의 방식이 아닐까 하는 생각이 들기도 하는 것이었다.

예컨대 '무엇을 염려하십니까? 기도할 수 있는데'라는 글귀를 통해 얻게 되는 마음의 위로와 평안처럼 그러한 무논리적, 무개념적 믿음 역시 인간 삶에 적잖은 도움이 될 수 있을 것이었다.
뿐만 아니라 어차피 태초 우주 창생의 원인과 과정에 대해서는 그 누구도 완벽한 논리로써 이를 입증하거나 설명할 수 없는 것이라면 그리고 우주만물, 세상만사가 본질적으로 따져 볼 때 결국 온갖 모순되고 상충되고 불일치한 것들의 합체일 수밖에 없는 것이라면, 부처님 말씀이든 예수님 말씀이든 그것이 단지, 인간의 인식능력으로써 다소 비논리적이고 입증 불가한 것이라는 이유만으로 이를 구태여 부정하고 공박할 필요가 없는 것이며 또 그러한 사고행위 역시 결국 모순이고 이치에 맞지 않는 일이 아닐까 하는 생각마저 들기도 하는 것이었다.
아무튼 나는 이 기회에 내가 평소 궁금하게 여겨왔던 불교와 관련한 의문에 대해 그에게 몇 가지 더 물어보고 싶어졌다.
나는 우선 머릿속에서 가장 쉽게 떠오르는 것부터 그에게 물었다.
"선생님. 인간 일체의 평등을 강조하는 부처님이거늘, '천상천하 유아독존'이라 말씀하심은 또 무슨 말입니까?"
그는 나의 느닷없는 듯한 물음에 다소 어이없다는 표정으로 나를 잠시 바라보더니 마치 한마디 툭 던지듯 말했다.
"참, 자네다운 질문일세. 천진하다 해야 할지, 바보스럽다 해야 할지……."
"예?"
내가 다소 의아한 표정을 짓자 그가 다시 말을 이었다.
"이보게. 부처가 그런 말을 한 것은 부처 자신이 세상에서 가장 위대하고 절대의 존재라는 뜻이 아니라 모든 중생들이 그렇듯 각자

유일무이하고 존엄한 가치를 지닌 존재라는 것을 이르고자 한 말일세. 세상에 그런 기초적인 뜻조차 모르다니…….”
나는 그의 말을 듣고 나자 내심 좀 무안해져버렸다.
나는 내가 나름대로 평소 궁금하게 여겨왔던 것이 그렇듯 극히 기초 상식적인 것이며 또한 내 짐작과는 전혀 다른 뜻으로 해석되리라고는 미처 생각지 못한 때문이었다.
나는 이번엔 그것을 만회라도 하려는 듯 다시 물었다.
“선생님. 그럼 부처님께서 진리를 깨달아 중생을 구제한다는 것 역시 따지고 보면 결국 무슨 큰 의미가 있겠습니까? 어차피 진리를 깨달아 본들 인간 한계를 초극할 수 없고, 현실의 삶에 있어서도 무언가 특별히 나아지고 달라지는 것이 없다면 그 또한 깨달으나 마나한 것이 아니겠습니까? 아니, 차라리 중생들 입장에서는 아예 아무 것도 모르고 사는 편이 일면 훨씬 더 속편하고 나을 수도 있는 것 아니겠습니까?”
내가 다소 불만스럽고 투정 어린 말투로 그에게 말하자 그가 즉시 말을 받았다.
“그럼 자네는 학교엔 뭐 하러 다니며 또한 살아가는 데 별 소용도 없는 생물이나 도덕, 역사 같은 과목들은 뭐 하러 배우는가? 내 몇 번씩 말했듯이 인간이 진리를 깨닫는다 하여 어떤 대단하고 신비한 능력 따위가 얻어지는 것은 아니란 말일세. 단지, 사람이 공부를 하고 앎을 얻으려는 것은 그 스스로 마음의 의혹을 풀고자 함이며 또한 인간이 살아가야 할 올바른 길을 배우고 익히고자 하는 것일 뿐 꼭 어떤 초월적 능력을 얻거나 현실에서의 이득만을 추구하려는 목적은 아닌 것일세."
내가 다시 물었다.
"그럼 불교이론이란 과연 무엇이 그렇듯 대단한 것입니까?"
"인간의 앎에 있어 굳이 등급을 매기자면 가장 기초적인 수준의 학문이 이른바 문학, 철학 등과 같은 학문이며, 그 다음 단계로 발전하면 물리과학일세. 그리고 최상의 단계가 바로 불교학인 것일세. 이는 궁극의 진리를 공부하는 사람이라면 단 한사람 예외 없이 누구나 거치게 되는 필수코스인 것이네. 그만큼 불교이론이란 우주만물의 근본원리를 깨우치는데 있어 가장 중요한 내용을 담고 있는 것일세."
"그럼 방금 말씀하신 이외의 지식들은 다 뭡니까?"
"그거야 단지, 현실생활하는 데에 필요한 실용지식들인 것이지."
"그럼 불교이론 중 주로 어떤 것이 그렇듯 대단한 것입니까?"
"가장 위대한 것은 무엇보다도 불교의 교리가 인간 존재와 삶의 의미에 대하여 그 시초와 과정, 결말까지를 거의 완벽한 논리체계로 정립하고 있다는 것이고, 그 외에 우주과학, 정신의학, 생명공학 등에 이르기까지 세상만물의 생성소멸 이치에 대해서도 수많은 경전을 통해 그 본질을 밝혀내고 있다는 점일세. 이는 인류의 과학문명이 발달했다고는 하나 이미 수천 년 전 부처가 깨달은 근본원리에 도달하자면 아직 어림도 없는 것이네. 특히 인간지식의 최고 경지라 말할 수 있는 우주물리학의 현재 수준만 봐도 부처가 깨달은 이치의 절반 수준에도 못 이르고 있는 상태일세."
나는 불교 이론에 대해 아는 것이라곤 고작 반야심경이니, 금강

경과 같은 몇 가지 경전 이름밖엔 모르는 터라 그가 다소 전문적인 얘기를 꺼내자 그의 말이 맞는지 틀리는지 이해도 잘 안 갔을뿐더러 이내 좀 진부해졌다.

나는 얼른 화제를 돌렸다.

"선생님. 어찌됐건 간에 부처님 또한 결국 심신의 능력이나 한계 면에서는 특별한 신통력도 없는 보통사람들과 똑 같은 수준이란 말씀 아니겠습니까?"

나의 다소 뜬금없는 듯한 물음에 그는 나를 한번 힐끗 쳐다보더니 다시 말을 이었다.

"자네는 아직도 그런 허황된 신비주의에서 벗어나질 못했단 말인가? 부처가 인간한계를 초월했다면 왜 백 살도 못 살고 열반에 들었겠나? 그런 것들은 죄다 불가의 방편설에서 비롯된 신화라고 수차 말해 줬건만. 쉽게 얘기해서 부처란 요즘 세상으로 치자면 결코 찾아보기 힘든 만 가지 삶의 지혜와 이치, 그리고 진정한 사랑의 의미를 실천하고 가르치는 훌륭한 스승과도 같은 존재라 이해하면 틀리지 않을 것이네."

"그럼 결국 세상에는 인간의 보잘 것 없는 심신의 한계를 초월할 만한 그 어떤 것도 전혀 없다는 말입니까?"

나의 계속 되는 물음에 그는 잠시 뜸을 들이더니 다시 대답했.

"딱 한 가지가 있긴 있네."

"그것이 무엇입니까?"

"전에도 내가 자네한테 잠깐 얘기했듯, 그것은 다름 아닌 기(氣)라는 것일세. 우주 내의 기를 연구, 활용하는 것만이 인간이 심신의 한계를 극복하고 초월할 수 있는 유일한 길일세. 이는 현대 과학에서도 뒤늦게나마 관심을 가지고 연구를 하고 있는 것이니만큼 앞으로 그 발전과정이나 성과는 지켜봐야겠지."

"그렇다면 그것을 연구하는 일이 어쩌면 세상에서 가장 중요하고 가치 있는 일이 될 수도 있겠군요."

"현재의 인간능력으로선 그 역시 한낱 실낱같은 기대에 불과할 뿐 끝내 요원키만 한 일일세. 그러니 자네도 앞으로 제발 그런 헛된 것들에 정신 팔지 말고 현실에서 보다 열심히 노력하여 세상을 위해 좋은 일도 하고 또한 가족들과 행복하게 살면 되는 것이네."

"인간이 얼마 못살고 죽는데 어찌 행복할 수 있겠습니까?"

내가 다소 볼 멘 소리로 반문하자 그가 웃음 섞인 표정을 지으며 다시 말했다.

"이 사람아! 얼마 못 살고 죽는 것이 뭐가 그렇게도 억울한가? 세상엔 오래 살고 싶어 하는 사람들도 많지만 빨리 죽고 싶어 하는 사람들도 적지 않은 것이네. 그리고 어쩌면 진짜 슬프고 허망한 것은 죽음이 아니라 삶이라고도 할 수 있네. 따라서 일체는 유심조, 다 마음먹기 달렸고 생각하기 나름인 것일세. 자네 달리 한번 생각해 보게. 인간이 만일 죽지도 않고 천년만년 산다하면 그 역시 또 얼마나 무료하고 지루한 일이겠는가? 인간 생존의 기간이 그렇듯 짧고 유한하기에 인간들은 그만큼 각자에게 부여된 시간들을 최대한 소중히 여기며 열심히 살고 있는 것이고 또한 모두들 그렇게 살아야만 하는 것일세."

나는 그의 말을 들으면서 인간 삶에 있어 끝내 무언가 좀 더 신통

방통하고 특별하고 시원, 후련할 만한 그 어떤 해답이나 대책이란 정말 구할 수 없는 것인가 싶어 다소 실망스러워졌지만 또 한편 그럼으로써 이젠 그런 해답도 대책도 없는 삶의 온갖 의혹과 문제들에서 벗어나 좀 더 자유롭고 단순하게 세상을 살 수 있게 되어 다행이란 생각도 들었다. 아니, 어쩌면 그러한 생각이 드는 것만으로도 나는 내 삶에 대한 제반 의혹들을 어느 정도 스스로 해결하고 세상만사의 이치 또한 제법 깨닫게 된 것이 아닌가 하는 마음 또한 갖게 되었다.

마음
_ 사념의 발원지

나는 이제 인간의 본질적인 것들에 대하여 그에게 마지막으로 한 가지만 더 물어보기로 했다. 그것은 바로 인간 의식의 근원과 실체에 관한 것이었다. 즉, 인간의 마음이란 구체적으로 무엇인가 하는 것이었다.
인간의 마음속에는 이른바 선함과 악함, 좋음과 싫음, 기쁨과 슬픔, 사랑과 미움, 의문과 이해, 자비와 분노, 신뢰와 불신, 본능과 이성, 괴로움과 즐거움 등등 그야말로 서로 모순되고 상반되고 각기 다른 오만가지 느낌과 생각들이 혼재되어 있고 또한 그것들은 마치 비 개인 하늘에 떠다니는 구름조각들과도 같이 시시때때 서로 엉키고 흩어지며 스스로 변화무쌍한 조화로 현현하는 바,

바로 이런 인간 마음이란 것의 본질과 정체란 과연 무엇인지 한번 알아보고 싶었던 것이었다.

따지고 보면 결국 인간의 느낌과 생각이란 것 역시 각자가 처한 입장과 상황에 따라 다르고, 상대에 따라 다르고, 어제와 오늘이 다르고 아니, 심지어는 방금 전과 지금 이 순간마저 같지 않을진대, 누가 또는 어떤 것이 과연 선하고 악한 것이며 정녕 무엇이 바르고 틀린 것이라 섣불리 정의할 수 있을 것인가?

어느 누구에게도 시종일관 절대적으로 변치 않는 마음이란 결국 없는 것이며 때와 장소에 따라 변할 수밖에 없고 오히려 변해야 마땅한 것이 인간의 마음이라 할 수도 있지 않겠는가? 그렇다면 정녕 인간의 도덕윤리라든가 사리판단의 기준이라든가 주체성이나 정체성과 같은 것들에 대한 의미와 가치는 어찌 정의해야 될 것인가? 결국 인간의 마음이란 스스로의 개체로서는 독립해 존재할 수 없는 단지, 주변 상황과 사물에 대한 본능적 반응과 인식에 지나지 않는 것인가?

그럼 그렇듯 인간의 내부에서 스스로 발현되는 의식이란 결국 없는 것이라면 시시때때 외부 반응에 의한 감정의 발단과 현상들을 인위적으로 다스리고자 하는 인간의 인내심, 절제심, 양심, 수치심 등의 의지는 과연 어디에서 비롯되는 것인가?

뿐만 아니라 인간 존재가 느끼는 지극히 본질적인 적막감, 외로움, 허무함 따위의 감상적 정서들 역시 대체 어떻게 하여 생겨나는 것이란 말인가? 정녕 의식이란 무엇이며 생각이란 무엇이며 느낌이란 무엇이며 영혼이란 무엇이며 정신이란 무엇이며 마음이란 또 무엇이란 말인가?

나는 인간의 마음이란 것에 대해 잠시 생각을 하게 되자 이내 가슴속에서 오만가지 의문들이 꼬리에 꼬리를 물고 쏟아져 나옴을 느꼈다.

나는 물었다.

"선생님. 인간 마음의 근원적 발현이란 어디에서, 어떻게 비롯되는 것이며, 어떤 원리로 조화하는 것입니까?"

그가 대답했다.

"그것은 내가 지금 말로써 자네에게 설명을 해봐야 잘 이해가 안 될 것이네. 다만, 그것에 대해 꼭 알고 싶다면 이다음 불교의 유식론(唯識論)을 한번 공부해 보게. 자네가 그것을 공부해 이해하고 나면 불교의 이론이 세상만물의 이치에 대해 과연 얼마만큼이나 체계적이고 합리적으로 잘 정립되어 있는 것인지 절실히 느끼고 깨닫게 될 것일세."

나는 천상 그리할 수밖에는 없다고 생각했다.

나는 덧붙여 인간의 본능이란 것에 대해 또 물었다.

"선생님. 인간이 천성적으로 타고난 동물적 본능을 굳이 억제하면서 살아가는 것이 정녕 옳은 일이라면 이 또한 자연의 순리와 모순되는 것 아니겠습니까?"

그가 대답했다.

"인간이라면 누구나 자신이 다른 동물들에 비해 낫고 다르다고 생각하는 만큼 최소한 또 그만큼은 다른 동물들보다 낫고 다르게 생각하고 행동하며 살아가야 하지 않겠나?"

옳은 말이라 여겨졌다.

나는 끝으로 한 가지 더 물었다.

"선생님. 그럼 저의 경우 우주만물의 근본적 의미와 이치에 대해 이 정도 여쭤보고 말씀을 듣고 나름의 생각을 정리한 것만으로 향후 더 이상 마음의 큰 의혹 없이 살아갈 수가 있겠습니까?"

"그것은 자네가 앞으로 무엇을 하며 어떻게 살 것인가를 결정하느냐에 따라 달라질 것일세. 즉, 이후 평범한 사회인으로서 인생을 살려면 지금 자네 정도의 앎만으로도 오히려 넘친다 할 수 있을 것이나 혹 진정한 구도의 길을 가고자 한다면 아직도 요원하기만 한 것일세."

그의 대답을 들으면서 나는 어쨌거나, 속된 말로 머리 깎고 중이 되어 세상을 등진 채 살고 싶은 마음은 전혀 없었던 관계로 이제 이 정도에서 인간 존재의 본질적 의문에 대한 공부는 마쳐야겠다고 생각했다. 아직 내 마음 속에서는 그래도 덜 풀린 여러 가지 의문과 아쉬움이 남아 있긴 했으나 이는 내가 앞으로 세상을 살면서 차츰 공부하여 해답을 찾아볼 수밖에는 없다는 생각이 들었다.

따라서 나는 이제 황산에서의 남은 시간 동안은 인간이 현실 속에 살아가며 반드시 알고 실천해야 할 보다 실용적 삶의 지혜와 이치, 방법 등에 대해 열심히 공부를 해 볼 생각이었다.

[제4부]
세상 이치에 대한 인식과 이해

물질과 정신
_ 생존의 필수요건

그와 대화를 나누는 사이 어느덧 소리 없이 황혼이 지고 있었다. 산중의 고요가 애잔한 놀빛과 함께 만상(萬像)을 감싸 안으며 사방으로 잦아들었다.

한낮의 밝음이 사라지고 대지 위에 서서히 어둠의 그늘이 짙어올 때면 나는 늘 존재의 적막감 같은 것을 깊게 느끼곤 했다. 그때마다 가슴속에서 어떤 아련하고 아득하고 간절한 사무침과 한(恨) 같은 것들이 뭉클뭉클 솟아나곤 했다. 그것은 아마도 세상의 어느 한 순간이 마감되는데 대한 인간의 원초적 비애와 허무감에서 비롯되는 느낌이 아닐까 싶었다.

그와 나는 암자로 들어왔다. 그는 마당 이곳저곳을 오가며 안으로 들여놓고 정리할 것을 몇 가지 정리정돈하고 난 뒤 다시 나와 함께 툇마루에 나란히 걸터앉았다. 나는 언뜻 무심히 허공을 응시하고 있는 그의 옆모습을 잠깐 바라보았다.

아무런 표정이 없을 때의 그의 얼굴은 무표정함을 넘어, 쓸쓸하고 외로운 모습을 넘어, 마치 하나의 바위나 나무등걸 같은 무기체처럼 느껴졌다. 지금 가만 생각해보니 그는 나와 대화를 나눌 때를 제외하고는 늘 그러한 모습이 아니었나 싶었다.

나는 사람 역시 아무런 감정이나 생각을 갖지 않으면 외면이 그렇듯 하나의 생명 없는 물체처럼 느껴질 수도 있구나 하는 생각을 잠시 했다.

내가 다시 물었다.
"선생님. 인간의 삶에 있어 가장 중요한 것이 무엇입니까?"
그가 대답했다.
"인간이 죽지 않고 살려면 우선 고생스럽지 않게 먹고 입고 잠 잘 곳이 있어야 할 게 아닌가? 그러니 그게 가장 중요한 것이지."
"인간 삶에 있어 오직 그렇듯 먹고 자고 입는 것들이 중요한 것의 전부라면 그야말로 너무 속된 것 아니겠습니까? 또한 그것은 전에도 제가 여쭈었듯이 다른 동물들의 삶에 비해 크게 낫거나 다를 바 없는 것이기도 하구요."
내 말이 끝나기 무섭게 그가 다시 반박했다.
"이보게. 누가 그것만이 인간 삶의 전부라고 했는가? 이를테면 사람은 반드시 그런 것을 해결하고 난 연후에 다른 모든 것을 도모해야 한다는 얘기인 것이네. 의식주야말로 인간의 삶에 있어 물이나 공기처럼 절대적이고 필수적인 요소라는 것을 단 한시도 잊지 말라는 뜻이네. 자신의 의식주마저 해결 못하는 삶이야말로 다른 동물들의 삶보다야 조금 나을지 모르겠으나 그 역시 길거리 거지들의 삶과 별반 다를 바 없는 것일세."
나는 물러서지 않고 다시 반문했다.
"그러나 부처님과 같은 성인들은 그런 것들을 다 버렸지 않았습니까?"
"그런 것을 다 버리는 것이 중요한 게 아니고, 그런 것을 다 버리고 나서 과연 그 이상의 무엇을 얻고 이룰 수 있느냐가 중요한 것이네. 세상 그 무엇이든 정녕 얻는 것이 어려운 것이지 버리는 것이야 너무도 쉽고 간단히 행할 수 있는 일이 아니겠는가? 또한 다 버리고 나서 아무것도 얻지 못한다면 그 역시 얼마나 의미 없고 허망하기만한 일인가? 따라서 그런 말은 이를테면 부처만큼 의지가 굳고 능력과 지혜가 있고 대단한 성취를 거둔 사람한테나 가당한 말일세. 그리고 세상 사람들이 대부분 그렇듯 속세를 떠나 다 부처가 되고 나면 부처인들 무엇을 먹고 무엇을 입고 또한 어디서 어떻게 살아가겠는가? 그때는 오히려 세상에 남아 열심히 살고 있는 중생들이 진짜 부처가 될 것일세."
나는 또 물었다.
"그럼 인간이 오직 먹고사는 일에만 치중하는 것도 속되지 아니하다 할 수 있겠습니까?"
"자네의 그 억지로 속되지 않으려 애쓰는 마음이 일면 더 속된 것일 수 있네. 인간이 생존에 꼭 필요한 본능적 욕구를 추구하고 행하는 것은 속됨이 아니라 자연의 순리에 따르는 것일세. 단지, 속된 것이란 본능적 욕구를 추구함에 지나침이 있거나 꾸밈이 있을 때 또는 그것을 억지로 숨기려할 때 속된 것이라 할 수 있을 것이네."
나는 그의 말에 공감하면서도 이른바 세상 사람들이 흔히 논쟁거리로 삼고 있는 한 가지 기초적 의문사항에 대해 이를 다시 한번 확인하고 정리하는 차원에서 덧붙여 물었다.
"선생님. 그렇다면 인간이 세상을 사는데 있어 물질이 더 중요한 것입니까? 정신이 더 중요한 것입니까?"
내 물음에 그가 대뜸 반문했다.
"자네는 자네 신체 중 손이 더 중요한가? 발이 더 중요한가?"

내가 잠시 머뭇거리자 그가 다시 말을 이었다.

"자네가 지금 그 나이에 그런 질문을 한다는 것은 바로 자네가 살아오면서 접한 사회 교육의 내용이나 인식의 제반 환경이 그만큼 잘못된 탓일 수 있네. 특히 동양에서는 예부터 유교사상의 영향으로 인해 대부분의 사람들이 물질적인 것보다는 정신적인 것을 지나치게 더 숭상해 온 습성들이 있었네. 그러다 보니 아직까지도 여전히 그런 관성들이 의식 속에 남아 있는 것이고, 그 때문에 많은 사람들이 가치관의 혼란을 겪고 있는 것일세. 인간이 살아가는데 있어서는 물질이나 정신이나 손이나 발이나 모두 똑 같이 중요하고 필요한 것이지 그 중 무엇이 더 중요하냐는 질문이 어찌 성립될 수 있겠는가?"

"그럼 청빈을 미덕으로 여겨온 동양적 가치관은 어찌되는 것입니까?"

"어찌되긴 뭘 어찌 돼? 그 역시 다 무식한 인간들이 잘못 얘기하고 잘못 이해하는 것이지. 그것은 단지, 예부터 벼슬아치들에게나 해당되는 말일 뿐 일반 백성들에게는 전혀 가당치 않은 말인 것이네."

그리고 그는 잠시 말을 멈췄다가 천천히 다시 이었다.

"자네 잘 듣게. 사람들이 흔히 속되고 부질없는 것이라고 말하는 세상의 부귀영화란 것도 그것이 정녕 바르게 얻어진 것이라면 그 무엇에 못지않을 만큼 소중하고 값진 것이라네. 인간이 물질적으로 풍요롭고 좋은 환경에서 살아갈 수 있다는 것은 이를테면 맑은 공기와 아름다운 주변 경치 속에서 향기로운 꽃을 가꾸고 감상하며 평안하게 살아가는 것과 같은 것일세. 또한 그런 좋은 여건 속에서 살게 되면 그 심성도 자연 선하고 아름다워질 것 아니겠는가? 그리되면 남들한테 나쁜 짓, 못된 짓을 할 필요와 이유도 없게 될 것이고. 따라서 모든 중생들이 각자 현실에서 열심히 노력하여 그런 풍요로운 삶의 여건을 만드는 것이야말로 자기 스스로를 선도, 구제할 수 있는 최상의 방도임은 물론 나아가 만인이 꿈꾸는 이상 세계를 구현할 수 있는 가장 바람직한 길이라 할 수 있을 것이네."

내가 다시 말했다.

"그러나 세속에서 그런 것들을 얻고 이루기란 너무 어렵고 고생스러운 일이 아니겠습니까?"

"세상을 쉽고 편하게만 살아서 이룰 수 있는 일이 과연 그 무엇이 있겠는가? 비록 노력한 만큼 얻고 이루기 어려울지언정 그래도 최선을 다해 노력할 수밖에 없지 않겠는가? 그리고 어렵고 힘든 인생살이 역시 세속인의 마음을 가지고 살면 단순한 고생이 되겠지만, 무언가 삶의 의미와 이치를 배우고 깨달으려는 수행자의 마음을 가지고 살면 오히려 소중한 수련의 시간이 될 수도 있는 것이네. 진정한 앎의 길, 구도의 길을 가고자 하는 사람들은 억지로 그런 고행을 사서도 하지 않는가 말일세."

"그럼 구도의 길을 걷겠다고 세상을 등진 채 출가하는 사람들의 경우 그 삶의 선택 또한 진정 바른 것이라 할 수 있겠습니까?"

"그들 역시 구도의 길을 걸어 자신이 세속에서 이루고 기여할 수 있는 그 이상의 것을 얻을 능력과 자신이 있을 때 그리고 주위 사람들이나 가솔들에 대한 책임 같은 인간적 도리를 져버리지 않아도 되는 경우일 때, 그럴 때는 가당하다 할 수 있겠지."
나는 지금까지 그의 말을 재차 확인하고 정리하는 차원에서 다시 물었다.
"그럼 인간의 삶이 본질적으로는 지극히 허무한 것이지만, 결국 죽지 않고 살아가려면 무엇보다 우선 생존에 필요한 기본적인 여건부터 증진, 개선, 해결하는 일에 전력하는 것이 가장 시급하고 중요한 것이다 이런 말씀이로군요."
"말해 무엇하겠는가? 사람들이 흔히 말하고 상상하는 천당과 지옥의 모습이란 반드시 죽어서만 경험하고 볼 수 있는 것이 아니라 이미 현실 속에 다 존재하고 있는 것일세. 자네, 아수라지옥의 실상을 보려거든 저 아프리카 미개국(未開國) 백성들의 헐벗고 굶주림에 고통스러워하며 살아가는 모습을 한번 보게. 그런 참상을 한 번이라도 보고 나면 인간이 현실 속에서 어떤 자세로, 무엇을 위해 살아가야 할지, 무엇이 진정 시급하고 중요한 것인지, 나아가 국가와 종교의 진정한 역할과 책임, 사명이란 무엇인지 등에 대해서까지도 다시 한번 생각하게 되고 깨닫게 될 것일세."
그는 고개를 주억거리며 열심히 듣고 있는 나를 잠시 물끄러미 바라보고 나더니 계속 말을 이었다.
"자네도 이젠 삶의 존재의미 같은 것에 대해서는 더 이상 궁금해하지도, 더 깊이 있게 생각하지도 말게. 그 정도만으로도 이미 충분한 공부가 된 것이네. 어쩌면 그 역시 자네의 생활이 한가한데서 비롯되는 일종의 잡념일 수도 있네. 이른바 인간이 왜 사느냐?

고 묻는 것은 마치 인간은 왜 잠을 자느냐? 왜 밥을 먹느냐? 는 질문만큼이나 의미 없는 질문인 것일세. 단지, 졸리니까 잠을 자고 배가 고프니까 밥을 먹는 것처럼 그저 사람으로 태어났으니까 사는 것일 뿐이네. 그리고 자네는 어차피 세속에서 살아갈 사람인 바, 이젠 그런 허망한 것들에 대한 망상과 잡념에서 벗어나 현실에 더욱 충실하며 열심히 살면 되는 것이네."

나는 그의 말을 들으며 그동안 현실 속에서 너무도 안이하고, 게으르고, 불성실하게만 생활해온 나 자신이 그리고 진짜 중요한 것들은 가벼이 여긴 채 온갖 허황되고 부질없는 것들만 생각하고 추구해 온 나 자신이 몹시 부끄럽고 어리석었다는 생각을 갖지 않을 수 없었다.

앎
_ 참지식의 의미와 효용

나는 다시 물었다.
"선생님. 그럼 인간의 현실적 삶에 있어 의식주 다음으로 중요한 것은 무엇입니까?"
그가 선뜻 대답했다.
"앎일세."
나는 그가 너무 짧막하게 답변하자 뒤이어질 설명을 잠자코 기다렸다.

그가 이내 말을 이었다.

"인간 세상에는 반드시 타파하고 극복해야만 할 다섯 가지 숙명적 과제가 있네. 첫째는 가난이요 둘째는 무지, 셋째는 전쟁, 넷째는 병고, 다섯째는 바로 위정자들의 독재일세. 그리고 이 모든 것의 근본 원인이란 대부분 인간들의 무지함에서 비롯되는 것인바, 이를 극복하고 타파할 수 있는 유일한 방도 역시 바로 인간들 각자가 스스로의 앎을 증진시켜나가는 길뿐이네."

내가 되물었다.

"단지, 그것만으로 대안과 해결책이 될 수 있겠습니까?"

"인간이란 앎에 대한 수준이 높고 깊어질수록 그 인격과 지혜 또한 함께 높아지니 자연 가난에서 벗어날 방도를 찾을 수 있게 되지. 그리고 개인 간, 국가 간 다툼 역시 자제할 수 있을 것이며, 병고에 대한 예방과 치료가 가능해 짐은 물론 정치인들 역시 독재를 행하여 국민의 자유를 억압하는 못된 짓 따위는 스스로 삼가하게 될 것이란 말이네. 따라서 지식수양을 통해 세상에 가난과 전쟁과 병고와 독재정치가 사라지게 된다면 그것이 곧 모두가 꿈꾸는 이상 세계가 아니겠는가?"

"선생님. 그럼 결국 앎의 가치가 의식주보다 더 우선하는 것 아닙니까?"

내가 마치 선생님이 칠판에 쓴 글에서 틀린 글자라도 찾아낸 어린 학생처럼 되묻자 그가 즉시 말을 되받았다.

"이보게. 사람이 일단 주리지 않을 정도로 먹을 수 있고, 춥지 않을 정도로 입을 수 있고, 고통스럽지 않게 잠을 잘 수 있는 여건이 조성되어야만 공부를 해도 하는 것이고, 지식을 쌓아도 쌓을 것 아니겠는가? 그러니 그 가치야 앎이 우선일지라도 순서적으로는 의식주가 우선인 것이지."

애긴 즉 우주고, 생사고를 해결하는 것보다 생활고, 민생고를 해결하는 것이 더 시급하다는 뜻이었다.

나는 공감하며 다시 또 물었다.

"선생님께서 말씀하시는 앎이란 구체적으로 어떤 앎을 뜻하시는 겁니까?"

"우주만물, 세상만사에 대한 근본이치를 깨우쳐야 한다는 뜻일세."

"그럼 일반적으로 학교공부를 통해 배우는 지식들은 거기에 포함 안 되는 것입니까?"

"그런 것들은 진정한 앎을 구하는 데 있어 단지, 참고자료나 정보로써 길잡이 역할은 할 수 있겠으나 그 자체로는 참지식이라고 할 수 없는 것이지."

"그럼 진정한 앎을 얻으려면 어찌해야 합니까?"

"무엇이든 스스로 생각해서 그 이치를 깨우쳐야 하는 것일세. 그렇게 생각을 반복하여 하나씩 이치를 깨우치다보면 어느 수준에 이르러 만사의 원리를 훤히 알 수가 있는 지혜와 안목이 생기는 법이네. 또한 사람이 그러한 경계에 이르면 그 마음 역시 선량하고 순수해지게 되는 것이네."

"꼭 스스로 생각해서 깨우친 것이라야 참지식이라 할 수 있는 것입니까? 이를테면 훌륭한 스승이나 좋은 책을 통해 듣고 보면서 배워도 가능한 것 아니겠습니까?"

그가 즉시 되받았다.

"이 사람아. 자네는 음식의 맛이 어떠한지, 또는 헐벗음과 굶주림의 고통이 어떠한지, 팔다리가 부러지거나 손가락이 잘라지거나 했을 때의 아픔이 어떠한지를 단순히 남에게 말로 듣거나 글로 읽어서 과연 제대로 느끼고 깨달을 수가 있겠는가? 거듭 말하지만 참지식이란 무엇이든 자신이 직접 체험을 통해 알아내야만 하고, 그것이 어려울 땐 스스로 깊이 생각하여 발견하고 느끼고 깨우쳐야만 진정한 자기 지식이라 할 수 있는 것이네. 그것이 아니라면 모두들 풍월에 지나지 않는 것이야."

그의 단호한 말투에 다소 기가 눌린 나는 화제를 약간 돌려 다시 물었다.

"선생님. 사람이 꼭 지식이 있어야만 그 마음이 선량하고 인격이 높아지는 것은 아니지 않습니까? 이를테면 앎이라고는 전혀 없는 산골 사람들일수록 오히려 더 착하고 순수하게 살아가는 예를 흔히 볼 수 있지 않습니까?"

그가 대답했다.

"이보게. 참된 지식에 바탕하지 않은 인간의 선량함과 순수함이란 결코 신뢰해서는 안 되는 것이네. 물론 천성적으로 다소 점잖고 선한 심성을 가지고 태어난 사람들도 있겠으나 그 또한 반드시 한계가 따르는 법일세. 이를테면 배움이 없는 산골사람들이 다소 순박하게 보이는 것은 그들이 아직 세상물정을 잘 모르거나 또는 세파에 덜 시달렸기 때문이네. 그들 역시 삶의 환경이 바뀌어 이해타산에 관한 셈을 할 수 있게 되면 오히려 대처 사람들보다 더 영악하고 이기적으로 변할 수 있는 것이네. 주변에서 그런 예를 흔히 볼 수 있지 않은가. 그리고 사람의 인격이란 것 역시 진정한 앎을 바탕으로 형성되지 않으면 중요한 이해득실 문제와 맞닥뜨리게 될 경우 여지없이 조악한 동물적 본능과 습성을 드러내게 마련인 것이네. 그럴 때 그들은 인간의 도리나 신의나 양심, 체면 따위는 아랑곳하지 않는단 말일세. 따라서 무지한 사람들의 내면에 감춰진 심성이야말로 오히려 금수보다도 더 흉폭하고 사악할 수 있는 것인 바, 자네 역시 세상을 살면서 특히 무지한 사람들만큼은 절대 함부로 신뢰해서는 안 되네. 아마도 세상에서 가장 경계해야 할 사람들이 바로 무지한 사람들일 것일세."

나는 그동안 삶의 경험에 비추어 볼 때 그의 말이 상당히 일리가 있는 말임을 수긍했다.

내가 다시 물었다.

"선생님. 그럼 세상에서 소위 일류 학교를 다니고 많이 배웠다는 유식한 사람들이 사회에 나와 나쁜 짓, 못된 짓을 하는 예도 많은데 이는 또 어찌 이해해야 합니까?"

그가 대답했다.

"자네는 사람이 학교만 많이 다녔다고 또는 이것저것 주워들은 것만 많다고 지식인인 줄 아는가? 그들이야말로 대부분 무식한 인간들이라 해도 과언이 아니네. 왜냐하면 그들은 학교에서 우주만물, 세상만사에 대한 잡상식들을 수박겉핥기식으로 이미 잔뜩 얻어들었기에 더 이상 무엇을 궁금해 하지도 않고, 더 깊이 있게 공부할 생각들도 거의 안 한다는 말일세. 오직 학교에서 배운 것만이 전부인줄 알고 있으니 더 이상 지적 발전을 기대하기란 어려운 것이지."

하긴, 한국의 경우만 해도 인문사회 분야의 수많은 학자들이 있지만 그들 중 자기만의 독창적 이론을 연구, 제시해 주목을 받았던 이는 지금껏 단 한명도 없었음을 상기해볼 때 맞는 말이라 여겨졌다.

그는 잠시 말을 멈추었다 다시 이었다.

"내 자네에게 거듭 말하지만, 인간이란 오직 스스로 생각하여 깨우친 참된 지식을 통해 그 성정(性情)을 부단히 수양하지 않고는 절대로 선량한 마음에 도달하거나 온전한 인격을 지닐 수 없는 것이네. 남에게 얻어들은 지식만으로는 그 무엇에 대해서든 참다운 이치와 실상과 논리를 절실하고 확실하게 느낄 수가 없기 때문이지. 또한 사람이란 그렇듯 자기 스스로가 무엇이든 절실히 깨달았을 때만이 비로소 실행을 하게 되는 것이기도 하고. 예를 들어 세상의 인간들이 윤리도덕을 잘 안 지키는 이유 역시 누구든 그것을 몰라서 잘 안 지키는 예는 거의 없지 않은가. 모두들 학교에서 또는 책에서 다 얻어듣고 주워들어 알고는 있지만 자기 스스로 그것을 지켜야겠다는 절실한 각성을 못 하다 보니 결국 실행하지 않게 되는 것일세. 공자가 말한 종심소욕불유구(從心所慾不踰矩)의 경지란 것도 알고 보면 다 그러한 것 아니겠나. 인간이 살아가는 도리에 대해 모두들 스스로 사유하여 깨우치게 되면 어떤 타율에 의해서가 아닌, 자기 내면의 양심과 질서의식에 따라 해서는 안 될 짓과 해도 될 짓을 스스로 구분, 조절할 수 있게 된다는 바로 그런 말일세. 따라서 만인들이 지식이란 것을 또는 공부와 수행이란 것을 높이 평가하는 이유 역시 비단, 그것의 현실적 효용가치 때문만이 아니라 지식이야말로 인간의 인간다움을 유지하게끔 해주는 근본 바탕이 되기 때문일세."

나는 그의 말을 들으며 특별히 어떤 이론이나 반론의 여지를 찾기 어려웠다. 그리고 나 역시 현재 내 지식수준이 과연 어느 정도인지에 대해 다시 한번 깊이 생각해 보지 않을 수 없었.

스스로 생각하고 체험하여 깨우친 지식, 오직 그것만이 참다운 지식이라면 지금 내 머릿속에 들어있는 온갖 잡상식들, 특히 요즘은 컴퓨터 키만 두드리면 누구든 알 수 있는 그런 류의 지식정보들로 가득한 내 앎의 수준이야말로 정말 가치없고 형편없는 것 아닌가? 또한 그런 것들을 빼고 나면 과연 내 머리 속에 무엇이, 얼마만큼이나 남을 것인가?

나는 다시 한번 나 자신의 형편없고 황량하기 만한 내면의 모습을 되돌아 본 듯한 느낌이었다.

처신
_스스로의 양심에 따라

나는 다시 물었다.
"선생님. 그럼 인간의 현실적 삶에 있어 의식주와 앎을 제외하고 그 다음으로 특별히 중요한 것은 또 무엇입니까?"

"사랑의 감정일세."

"어떤 종류의 사랑을 말씀하시는 겁니까?"

"남녀 간 사랑을 포함하여 가족, 친지, 나아가 모든 사람들에 대한 사랑의 감정일세. 인간이 의식주와 앎에 대한 욕구를 충족한 다음에도 여전히 마음의 공허를 느끼게 되는 것은 바로 이 사랑의 감정과 대상이 없거나 부족하기 때문일세. 또한 무엇보다 사람이란 자신이 지극히 아끼고 사랑하는 대상이 있을 때만이 비로소 삶에 임해서도 최선의 노력을 다하게 되기 때문일세."

나는 공감했다. 그리고 다시 물었다.

"그 다음으로 중요한 것은 무엇입니까?"

"자유와 평화일세. 개인적으로든 사회적으로든 자유와 평화를 추구, 실현한다는 것은 매우 중요한 일이지. 따라서 어느 누구든 자유와 평화를 저해하거나 그에 반하는 언행을 한다면 이는 크게 잘못된 것이네."

"다음은 또 무엇입니까?"

"더 이상은 없네!"

그는 마치 칼로 무 토막을 자르듯 단 한마디로 잘라 대답했다.

나는 매번 그의 그런 단정적인 말투로 인해 잠깐씩 당혹스러움을 느끼곤 했다.

하지만 나 또한 더 이상은 묻지 않았다. 이젠 나도 그 이후 뒷말의 뜻 정도는 미루어 짐작하고 헤아릴 수 있을 것 같았기 때문이었다.

이번엔 화제를 약간 돌려 내가 다시 물었다.

"선생님. 그럼 인간이 세상을 살아가는데 있어 어떻게 처신하며 사는 것이 가장 바람직하겠습니까?"
나는 이른바 처세의 방도에 대해서 물었다.
"부끄럽지 않게 사는 것 즉, 스스로의 양심에 어긋나지 않게 처신하면 되는 것이네."
"좀 더 구체적으로 설명해 주십시오."
내가 다시 채근하자 그가 짧게 설명을 덧 붙였다.
"첫째, 선량하고 둘째, 성실하고 셋째, 예절을 갖추어 살면 되는 것일세."
"그런 거야 이미 어린 아이들도 다 알고 있는 것 아닙니까?"
나는 내심 무언가 특별한 대답을 기대했던 터라 다소 실망 섞인 투로 반문했다.
그러자 그가 질책하듯 다시 말했다.
"그럼 그 어린 아이들도 다 알고 있는 것을 왜 대부분의 어른들은 제대로 실천하지 못한단 말인가? 진정으로 안다는 것은 자기 스스로 깨우쳐 실행해야만 비로소 아는 것이라고 내 그토록 말하지 않았는가? 자네 또한 아직 선량함과 성실함과 예절바름이 인생을 사는 데 있어 얼마나 중요한 것이라는 것을 스스로 절실히 깨닫지 못했다면 앞으로 이를 실행에 옮길 수도 없을 뿐만 아니라 결국 그 역시 아는 것이 아닌 그저 들은 풍월에 지나지 않는 것일세."
생각해 보니 그랬다.
과연 안다는 것은 무엇일까?
단지, 남들에게서 얻어들은 것 또는 책에서 그저 한두 번 읽어 본

것을 진정한 앎이라고 말할 수 있을까?

설령 자신이 그것에 공감했고 또 그것을 통해 새로운 사실을 인식했다손 치더라도 자기 스스로 의문과 필요를 느끼고 스스로 궁리하여 그 원리와 이치를 절실히 깨달은 것과는 실로 큰 차이가 있을 터였다. 또한 진정으로 안다는 것은 무엇이든 스스로 깨달아 그 앎을 자신의 의식과 일체화시킴으로써 언제 어디서든 이를 자연스럽게 행할 수 있어야만 하는 것이라는 생각도 들었다.

나는 그제야 왜 그가 지극히 사소한 것일지라도 반드시 스스로 사유하고 연구하고 경험하여 깨우친 앎만이 진정한 앎이라고 거듭 강조했던가를 어렴풋이나마 짐작할 수 있을 것 같았다.

내가 다시 물었다.

"선생님. 그러나 현실에서 살다보면 사람이란 또 어쩔 수 없이 선량하고 성실하고 예절바르게만 처신할 수 없는 경우도 종종 있지 않습니까? 그럴 때는 어찌하면 좋습니까?"

"그럴 때라도 최소한 악하지는 않게, 불성실하지는 않게, 무례하지는 않게 처신하면 되는 것이네."

"그럼 선생님께서 앞서 말씀하신 인간의 양심이란 어느 누구에게나 다 같은 수준과 량으로 존재하고 작용하는 것입니까?"

"인간의 양심이란 후천적 사회인식과 선천적으로 훈습된 아뢰야식이 합쳐진 것일세. 따라서 이는 인간의 여타 본능과도 같이 누구에게나 대동소이한 의식으로써 작용하고 있는 것이네."

나는 문득 국내의 한 못된 언론집단의 예가 생각나 다시 물었다.

"그럼 결국 세상에서 도덕적으로 나쁜 짓, 못된 짓을 일삼는 인간들 역시 그 그릇됨을 자각하지 못한 때문이 아니라 이미 스스로 못된 짓, 나쁜 짓이라는 것을 내심 다 알고 있으면서도 그러한 짓들을 계속하는 것이라고 봐야 하겠군요."
"사고능력이 크게 부족한 사람들이 아닌 이상 그렇다고 봐야겠지."
"그럼 사회의 법률로써 처벌할 수 없는 그런 나쁜 인간들은 또 어찌 응징해야만 합니까?"
"굳이 억지로 응징하려 하지 않아도 그들이 정녕 악인이라면 결국 자연의 이치에 따라 저절로 응징을 당하게 될 걸세."
"이른바 종교적 인과론을 말씀하시는 것입니까?"
"구태여 거기까지 갈 것도 없고, 단순히 세상의 순리에 의해서도 그들 스스로 속죄하고 거듭나지 않는 한 반드시 그리 될 수밖에 없는 것일세."
"그러자면 오랜 시간이 걸리지 않겠습니까?"
"세상에 악이 생겨났다가 소멸하기까지 소요되는 최소한의 시간과 과정 또한 자연의 법칙이자 순리라고 봐야겠지."
나는 다시 화제를 돌렸다.
"선생님. 그럼 사람의 인격이란 어느 단계가 가장 높은 경지입니까?"
"말하지 않는 경지일세."
나의 다소 느닷없는 듯한 질문에 그 역시 약간은 엉뚱한 듯한 대답으로 응수했다.
"무슨 뜻입니까?"

"사람이란 만물의 이치를 다 깨닫고 나면 더 이상 할 말이 없어지는 법이네."
"꼭 말해야 될 때라도 말입니까?"
"이 사람아. 꼭 말해야 될 때도 말을 안 하면 그건 벙어리인 게지."
그가 웃음 섞인 투로 내게 핀잔을 주더니 다시 말을 이었다.
"사람이 꼭 말을 해야 될 경우란 사실 그리 많지 않네. 최소한 묻는 말에 대답하는 것만으로도 대개는 족할 것이네."
그의 말을 들으며 나는 또 문득 내가 평소 늘 괴이하게 여겨왔던 묵언의 바둑기사 이창호가 생각나 다시 물었다.
"선생님. 그럼 할 말이 있어도 참고 안 하는 것과 천성적으로 말수가 적거나 또는 아예 할 말이 없어 아무 말도 못하는 것을 과연 똑같이 높게 평가할 수 있겠습니까?"
"자네는 가만히만 있어도 중간은 간다는 말 못 들었는가? 사람이란 할 말이 있어서이든 없어서이든 무조건 말을 많이 하지 않는다는 그 자체만으로도 그가 누구이든 훌륭한 인성(人性)을 지닌 사람이라 할 수 있을 것일세."
"왜 그렇습니까?"
"세상 모든 재앙과 악이란 거의 인간들이 지껄인 말로써 비롯되기 때문일세. 또한 따지고 보면 인간들이 지껄이는 말의 대부분은 결국 부질없고 쓸데없는 소리들이기도 한 때문일세. 따라서 말이란 가능하면 적게 하거나 아예 안 하는 것이 자신에게도 이롭고 남들에게도 해를 끼치지 않는 것이네."
"그러나 인간이 말을 하는 것은 마치 새들이 지저귀듯 자기 존재의 본능적 표현욕구이며 생존활동에도 꼭 필요한 것 아니겠습니까?"
그가 빙긋 웃으며 대답했다.
"그럼 새들이 지저귀듯 남들 듣기 좋은 말만하던지, 생존활동에 꼭 필요한 말만 골라하면 되는 것이네."
그의 말에 나는 그야말로 더 이상 할 말이 없어졌다.

시비
_ 선과 악, 옳고 그름의 기준

그와 얘기를 나누는 사이 이미 사방에는 산중의 짙은 어둠이 무량히 내려 쌓이고 있었다. 쌓인 어둠은 키를 넘고 담을 넘고 산을 넘어 하늘 끝까지 닿을 듯 했다.
매일 밤 느끼는 것이었지만 불빛 한 점 없는 황산의 밤은 그야말로 태고의 암흑 그 자체였다. 그 캄캄한 어둠 속에서 그와 나는 마치 산짐승들처럼 서로 반짝이는 눈빛을 마주보며 대화를 나누고 있었다.
나는 또 물었다.
"선생님. 선악이란 결국 무엇입니까?"
"인류가 정해 놓은 공동의 의식규범일세."
"그럼 권선징악의 당위성은 어디에 있습니까?"
"선이란 인류사회에 이로움이 되기 때문이며, 악이란 인류사회에

해로움이 되기 때문이네."

"그럼 선악의 행위를 구분하는 기준은 무엇입니까?"

"남들을 이롭게 하면 선이요. 남들을 해롭게 하면 악이네."

"남들에게 이로움을 주고자 부득이 남들에게 해로움을 끼치게 되는 행위는 어찌 됩니까?"

"그것은 최선이 아닐 테지."

"그럼 자기 자신만의 이로움을 추구하는 것은 무엇입니까?"

"남들에게 전혀 피해를 아니 준다면 악이라 할 수는 없겠지. 그러나 그 또한 최선이라고 할 수는 없네."

"그럼 오직 남들에게 해로움을 끼치지 않으면서 남들에게 이로움을 줄 수 있어야만 최선인 것입니까?"

"그렇지. 궁극적으로 모든 인간이 매사 최선을 다 해야 하는 당위성 또한 바로 거기에 있는 것일세."

나는 화제를 약간 돌렸다.

"그럼 세상의 윤리도덕적 시비를 가리는 일에 있어서는 정녕 무엇을 기준으로 그 옳고 그름을 가늠하면 되는 것입니까?"

"궁극적, 본질적인 이치로 따진다면야 세상만사 그 어떤 경우에 있어서든 영원불변한 절대의 옳고 그름이란 존재하지 않는 것일세. 이를테면 세인들이 흔히 그릇된 것이라 규정하는 살인, 약탈, 방화, 강간, 억압, 폭력 등등의 인간행위 같은 것 역시 모두 거기에 그럴듯한 명분만 갖다 붙이면 이내 정당한 행위로 탈바꿈시킬 수도 있는 것이네. 이는 인류의 정치사나 전쟁사를 잠깐만 돌이켜 보면 쉽게 알 수 있는 사실이지. 동서고금 권력 다툼, 영역 다툼,

먹이 다툼을 벌이는 일에 옳고 그름, 절대적 선과 악의 자명한 논리가 있던가? 따라서 사람들이 그 무엇에 대해서든 시비를 논하는 일이란 결국 다 부질없는 말장난, 글장난에 다름 아닌 것이네."
나는 일면 수긍하며 다시 물었다.
"물론 철학적인 차원에서 깊이 고찰해본다면 그럴 수도 있겠으나, 인간사회에서는 현실적 정황이나 필요에 의해서라도 결국 그것을 논하고 가릴 수밖에는 없는 것 아니겠습니까?"
"단지, 그러할 경우 그것은 각자의 양심에 따라 판단하면 되는 것일세."
"논리적 이치를 따지는 일에도 양심이 그리 중요합니까?"
"세상사의 옳고 그름이란 반드시 논리적 이치만으로 가늠할 수 없는 경우가 적지 않네. 이를테면 아무리 간단한 문제를 가지고도 여러 사람들이 모여 저마다의 논리를 내세우며 현상적, 본질적, 철학적 개념에 이르기까지 논쟁을 거듭한다면 아마 백퍼센트 합의를 이룰 수 있는 일이란 거의 없을 것일세. 물론 세상 모든 사람들의 지적 수준이나 지혜의 정도가 서로 엇비슷한 경지에 올라 있다면 금방 시비를 가릴 수도 있겠고 또한 아예 시비를 할 일마저도 없을 테지. 하지만 그것은 인류사회의 현실적 여건으로 볼 때 단지, 희망사항일 뿐 불가능한 일인 것이네. 따라서 이는 결국 각자의 주관적, 직관적 양심의 기준에 따라 선택하고 판단할 수밖엔 없는 것일세."
나는 그의 말에 공감하며 다시 물었다.
"그럼 대중들의 양심적 기준에 의한 판단이 선이 아닌, 악을 택했을 경우에는 어찌 됩니까?"
"모든 인간은 바보가 아닌 이상 선악에 대한 구분개념만큼은 누구나 선천적으로 훈습된 의식을 타고나기 때문에 그럴 경우란 거의 없을 것이네."

죄
_ 수많은 죄목

이미 밤이 이슥해져 가고 있었다.
나는 이제 그에게 몇 가지만 더 물어본 뒤 오늘 공부는 마쳐야겠다고 생각했다.
나는 이번엔 인간행위의 과보(果報)에 대해 알고 싶었다.
"선생님. 세상에서 가장 큰 죄는 무엇입니까?"
"스스로 잘못임을 알면서도 이를 반성하지 아니하고 되풀이하는 죄일세."
나의 다소 느닷없는 물음에 그는 마치 기다렸다는 듯 서슴없이 대답했다.
내가 또 물었다.
"다음으로 큰 죄는 무엇입니까?"
"남들을 이간질하여 다투게 만들고 남들을 모함하여 곤경에 빠뜨리고 남들을 비난하여 마음 아프게 하고 남들을 질시하여 해치는 죄일세."

"다음은 또 무엇입니까?"

"남들을 미워하는 죄일세."

"그것이 어찌 그리 큰 죄가 되겠습니까? 사람이란 누구나 좋아하는 사람이 있는 반면 싫어하는 사람 또한 있을 수 있는 것 아니겠습니까?"

"좋아하지 않는 것과 미워하는 것과는 큰 차이가 있는 것일세. 그리고 사람이란 각자 자신의 감정과 취향에 관한 한 지극히 주관적이기 때문에 누군가를 미워하게 될 경우 그 사람이 하는 모든 언행이 다 밉게 보여 질 뿐만 아니라 객관적이고 합리적인 이성을 잃어버리게 됨으로써 자신도 모르게 남을 자꾸 비방하게 되기 때문일세."

나는 수긍하며 다시 물었다.

"그럼 다음으로 큰 죄는 또 무엇입니까?"

"자신이 무지함에도 알려고 노력하지 않은 죄일세."

"그러한 것도 죄가 됩니까?"

그가 즉답했다.

"인간의 모든 잘못과 악행과 죄업이란 따지고 보면 거의 다 무지함에서 비롯되기 때문일세. 따라서 무지함이야말로 어쩌면 세상에서 가장 큰 죄이며 만악(萬惡)의 근원이라고도 할 수 있네."

내가 다시 반문했다.

"하지만 선생님께서 앞서 말씀하신 여러 가지 죄목들은 무지한 백성들보다 오히려 배울 만큼 배운 지식인들이 흔히 범할 수 있는 잘못들 아닙니까? 이를테면 그 지식인들이 결국 말과 글을 통해 세상의 모든 논란을 불러일으키고 그로 인해 사회적 분열과 갈등을 조장하고, 온갖 비난과 욕설이 난무하게 만들고……."
내 말이 여기에 이르자 그가 갑자기 버럭 언성을 높이며 질책하듯 다시 말을 이었다.
"이보게. 자네는 내가 그동안 참된 앎이란 정녕 무엇이며, 진정한 지식인이란 어떤 사람들인지 그만큼 얘기해 줬건만 아직도 말귀를 그리 못 알아 듣는가? 자네 한번 생각해 보게. 내가 방금 말한 죄목들은 그야말로 세 살 먹은 어린아이들일지라도 그것이 나쁜 짓이고 인간이 해서는 안 될 짓이라는 것쯤 다 알 수 있는 사실들 아니겠나? 그럼에도 불구하고 그런 기본의 기본적인 사실조차 모른 채 죄를 거듭 짓고 있는 인간들이 어찌 무엇을 안다고 하는 지식인들이란 말인가? 정녕 그들이야말로 무지한 인간들인 것이지."
그는 잠시 말을 멈추더니 자못 엄숙한 말투로 다시 한마디 덧 붙였다.
"자네, 지금부터 내가 하는 말을 명심하게."
그가 갑자기 정색을 하고 마치 중대한 선언이나 하려는 듯 심각한 어조로 말하는 바람에 나는 잔뜩 긴장하며 귀를 곧추 세웠다.
"자네, 말일세. 앞으로 세상을 살면서 언제 어디서 어떤 경우를 막론하고 또는 그 대상이 어떤 사람이든 막론하고 만일 계속하여 누군가를 헐뜯고 욕하고 비난하는 자가 있다면 그의 실제 앎의 수준이란 지극히 형편없고 그의 인간됨 역시 더 없이 추악하다고 보면 한 치의 틀림도 없을 것이네. 그가 설령 아무리 앎이 많은 척해도 그건 알고 보면 결국 깊이라고 전혀 없는 빤한 잔재주에 불과할 것이며 또한 그가 아무리 고매한 척 해도 그 인격은 저질스럽기 짝이 없을 것일세. 따라서 자네는 앞으로 그런 인간들에게 절대로 혹하여 빠져들지 말고 그들을 결코 신뢰하지 말고 각별히 경계하도록 하게."

나는 그의 말에 수긍하기 앞서 일단 반문부터 했다.

"그 이유와 근거는 무엇입니까?"

내 물음에 그가 아주 단호한 말투로 대답했다.

"그런 자들의 경우 인간으로서 갖춰야 할 최소한의 기본지식과 도리마저도 갖추지 못했기 때문일세. 진정 앎이 있고 정신의 경계가 높은 사람이라면 그런 짓은 누가 강제로 시켜도 스스로 부끄럽고 회의가 느껴져 도저히 거듭할 수 없고, 결코 하지 못하는 짓이기 때문이네."

그가 잠시 말을 멈추더니 다시 이었다.

"그리고 남을 미워하고 모함하고 비난한 죄에는 반드시 그 업이 따르는 바, 이는 굳이 내세를 거론할 것도 없이 현생에서도 곧장 대가를 치르게 되는 법일세. 또한 누구든 그들과 가까이 하는 것만으로도 화를 당할 수 있는 만큼 앞으로 자네는 결코 그런 무지하고 사악한 인간들과는 아예 상종을 하지 말게."

나는 한 가지 의문점이 있어 다시 물었다.

"그럼 남을 욕하고 비난하는 사람들을 또한 욕하고 비난하는 경우에는 어찌되는 것입니까?"

"그러한 경우에는 먼저 욕한 사람보다야 그나마 조금 낫다고 할 수 있겠으나 그 역시 결코 옳다고 할 수 없네."

"그럼 만일 누군가 자기 자신을 먼저 욕하고 비난할 때에도 같이 욕을 하거나 비난해서는 안 된다는 말입니까?"

"진정한 앎과 지혜가 있는 사람이라면 굳이 그들과 똑같이 서로를 욕하고 비난하지 않아도 다른 방법을 찾아 대응할 수 있을 것이네."

"만일 앎과 지혜가 부족하여 다른 방법이 특별히 떠오르지 않을 때엔 또 어찌 합니까?"

"비록 그럴 때일지라도 최소한 인격을 제대로 갖춘 사람이라면 결코 그들과 마주하여 서로 욕하고 비난하고 다투지는 않을 것일세."

"그럼 상대의 비난이 자신에게 실제적으로 아주 큰 피해를 주거나 또는 상대가 아예 무력적으로 공격해 올 때도 그저 당하고만 있어야 한단 말입니까?"

"이 사람아. 그럴 때 써먹으라고 사회에 법이 있는 것이고 또한 정당방위라는 것도 있는 것 아니겠는가? 그리고 진정 지혜로운 사람이라면 그런 구설에 휩쓸리는 것을 미리 예방할 줄도 알아야 하네. 즉, 평소 언행을 유의하고 시비를 가까이 말며, 무지한 사람들이나 또는 남을 비방하길 즐기는 잡인들을 최대한 멀리하는 것 등등이 그런 화를 사전에 예방할 수 있는 방법이네."

"그럼 어떠한 경우를 막론하고 상대를 계속 욕하거나 비난을 일삼는 행위는 무조건 지식이 부족하고 인격이 저급한 때문이라고 단정해야 합니까?"

내 물음에 그가 예의 단호한 말투로 딱 잘라 대답했다.

"단, 1퍼센트의 예외도 없이 그렇다고 봐야 하네."

"상대가 못된 죄를 저지른 악인일 경우에도 그렇습니까?"

"그런 악인들이야말로 엄벌에 처하면 될 뿐 아예 비난할 가치조차 없는 것 아니겠는가?"

"그럼 법으로써도 처벌할 수가 없는 이른바 도덕적 비난을 받아 마땅한 사람들의 경우에는 어찌합니까?"

"법으로써도 도저히 처벌할 수가 없는 경우라면 그 또한 비난을 일삼아 본들 무슨 소용이 있겠는가? 단지, 각자 화풀이를 하는 의미 밖에 더 있겠는가?"

"그렇다면 세상엔 정녕 비난받아 마땅한 사람이란 있을 수 없단 말입니까?"

"비난받아 마땅한 사람이 결코 없다기보다 굳이 남들을 일삼아 그렇듯 비난할 필요가 없다는 뜻일세. 부득이 비난을 해야 한다면 반드시 최소한의 범위에서 그쳐야 할 것이네."

나는 한 마디 덧 붙여 물었다.

"선생님은 어찌하여 세상만사 그렇듯 무불통지이십니까?"

내가 약간 뜬금없는 듯한 어조로 질문하자 그가 대답했다.

"내 자네에게 수없이 말했지 않았는가? 진정한 앎이란 자신이 모르는 사실, 새로운 현상들을 배우는 것이 아니라 단지, 매사에 그 근본 논리와 이치를 바르게 찾고 깨달을 줄 알아야 하는 것이라고. 나 또한 무엇을 잡다히 많이 알고 있어서 자네의 여러 가지 물음에 대답을 해주고 있는 것이 아닐세. 다만, 어떤 문제든 그것의 논리와 이치를 순서대로 생각하고 따지다보니 저절로 답이 얻어지는 것뿐이네."

"그럼 최상의 논리와 이치란 어떤 것입니까?"

"남들이 듣고 나서 이론과 반론의 여지를 전혀 찾을 수 없는 것이 바로 최상의 논리와 이치일세."

"아무리 최상의 논리라도 왜 이론의 여지가 없겠습니까? 굳이 말꼬리를 잡고 늘어지려면 끝이 없는 것이지요."

"그것을 이름하여 바로 억지논리라고 하는 것일세. 진정한 이론과 반론이란 최소한 상대의 말과 같거나 또는 그 이상 수준의 논리를 갖추었을 때 비로소 되받아 논할 만한 가치가 있는 것이네."

"그럼 그런 논리와 이치를 깨닫기 위한 가장 좋은 방도란 무엇입니까?"

"어떤 의문이든 자신이 마음속에서 의문을 느꼈을 때 그 의문이 완전히 풀릴 때까지 스스로 묻고 답하기를 거듭하면 될 것이네. 남들에게 물어 아는 것 보다 스스로에게 물어 깨닫는 것이 바로 참지식일세."

나는 앞뒤 논리가 더 없이 정연하기 만한 그의 말에 대해 결국 옳은 말이라 수긍하고 인정할 수밖에 없었다.

사실 따지고 보면 세상의 옳은 말, 틀린 말, 참말과 거짓말이란 따로 있는 것이 아니라 결국 그것이 논리와 이치에 맞느냐? 안 맞느냐? 하는 것으로 구분되고 평가될 터였다.

나는 다시 본론으로 돌아가 질문을 이어갔다.

"선생님. 그럼 인간의 행위 중 또 어떤 죄목들이 더 있겠습니까?"

"그 외에는 이미 사회의 법률규범으로써 다 정해진 죄목들일 테지."
"그래도 특별히 명문화되지 않은 죄목들이 더 있을 것 아니겠습니까?"
내 물음에 그가 다시 입을 열었다.
"부모에게 효도하지 않은 죄, 가족들과 화목하지 않은 죄, 신의를 져 버린 죄, 게을리 생활한 죄, 시간과 재물을 탕진한 죄, 음욕과 탐욕을 지닌 죄, 잘난 척하고 교만한 죄, 남들을 무시하고 조롱한 죄, 남에게 상처를 주고 손해를 끼친 죄, 지나치게 자기만의 이익을 도모한 죄, 세상을 희롱한 죄, 주색에 놀아난 죄, 평소 선행과 공덕을 쌓지 아니한 죄, 자신의 책임과 의무를 다하지 않은 죄, 무례한 언행을 일삼은 죄……."
나는 그가 마치 불경을 외듯 온갖 죄목들을 줄줄이 읊어대자 그 모든 죄목들이 전부 내가 지은 죄인 것만 같아 마음의 가책을 느껴 더 이상 듣고 앉아있을 수가 없었다.
그리하여 나는 또 서둘러 자리를 털고 일어나 '오늘은 너무 늦었으니 내일 또 공부를 하겠다.'고 말한 후 내 방으로 건너왔다.

인격
_끝없는 수련과 자기 성찰

황산에서 맞는 다섯 번째 아침.
깨어보니 어느새 아침햇살이 찬연히 방안으로 비쳐들고 있었다.

나는 자리에서 일어나 밖으로 나왔다.

마침 마당 한편에 그가 서 있는 것이 보였다.

내가 '편안히 주무셨느냐'고 인사를 건네자 그는 나를 힐끗 돌아보며 말했다.

"무슨 잠을 그렇듯 해가 중천에 뜨도록 자고 있는가? 오늘은 약초밭도 돌아 볼 겸 황산 구경이나 좀 시켜 줄 테니 얼른 준비하게."

나는 그의 말에 샘물가로 가서 대충 세수를 하고 들어왔다.

그리고 예의 그 칡 분말 물에 탄 것을 한 잔씩 나누어 마신 후 산행 채비를 서둘렀다. 암자에서 나온 후 그가 농사 삼아 기르고 있다는 약초밭으로 향했다.

풀숲에는 아직 채 마르지 않은 이슬방울들이 마치 유리구슬처럼 햇빛에 반짝거렸다. 산과 들의 모습은 세상 어디나 비슷했다. 마치 토끼길처럼 좁다란 오솔길을 걸어 오르려니 길가의 온갖 풀과 나무들의 생김새마저 우리나라 어느 시골에서나 흔히 볼 수 있는 모습 그대로인 것 같았다.

그와 나는 산중턱을 향해 한참을 걸어 올라가서야 마침내 약초밭에 당도했다.

그가 손수 일궜다는 약초밭은 백여 평 남짓 했고, 거기에는 산양삼에서부터 시호, 황기, 오미자, 작약 등 여러 약초들이 심어져 있었다.

그는 가을이면 그 약초들을 수확해 저자에 내다 팔아 필요한 것들을 구입한다고 했다.

나는 그와 함께 이곳저곳 약초밭을 돌아다니며 한참동안 잡풀들을 뽑고 밭두렁을 손질한 뒤 다시 나무그늘에 가 앉았다.
내가 물었다.
"선생님은 참으로 놀라운 지혜와 능력을 지니셨음에도 왜 굳이 이런 산 속에서 약초나 기르며 혼자 사시는 것입니까?"
"그럼 달리 할 수 있는 것이 뭐가 있겠나?"
그의 반문에 내가 잠시 머뭇거리자 그가 다시 말을 이었다.
"자네가 볼 때는 내가 지닌 심신의 능력이 다소 놀랍게 느껴질 수도 있겠지만, 사실 알고 보면 뭐 그리 대단할 것도 없는 것일세. 실은 나 정도 능력을 지닌 사람들은 세상에 적지 않다네. 단지, 그들 역시 그런 것을 드러내기 싫어하다 보니 일반 사람들이 모르고 있을 뿐이지."
하지만 나는 아무래도 그의 말을 쉬 수긍할 수 없어 다소 아쉬운 심정으로 한 번 더 물었다.
"그렇지만 선생님의 능력정도라면 세상에 나가서도 얼마든지 부와 명성을 얻고 살 수 있지 않겠습니까?"
"무엇으로?"
그가 짧게 되묻는 말에 나는 또 언뜻 대답할 말이 생각나지 않아 머뭇거렸다.
그가 말을 이었다.
"이 사람아. 자네가 그리 놀라운 능력이라 여기는 이른바 바위 따위나 타넘는 재주로 내가 지금 이 나이에 무슨 체육대회엘 나가 상금을 타서 돈을 벌 수 있겠는가? 아니면 길거리에서 사람들을 모아놓고 그걸 뽐내며 자랑이라도 하겠는가? 그리고 나의 정신적 능력이란 것도 자네 같은 순진한 사람이나 내 말에 귀를 기울일 뿐 내가 세상에 나가 아무리 혼자 떠들어봐야 그런 이야기 따위에 관심을 가질 사람이 과연 몇이나 되겠는가? 그러니 산 속에서 이러고 살 수밖에는 없지 않겠나?"
그의 말을 듣고 보니 어느 정도 수긍이 가기도 했다.
세상 이치에 대한 앎이 깊고 높다 하여 누가 그에게 선뜻 무슨 일을 맡겨주는 것도 아닐 테고 또한 어디에서 공돈이 굴러들어 올 일도 만무할 터였다. 더욱이 참된 지식이 있는 사람들일수록 본인들 스스로 그것을 자랑하지 않고 오히려 감추려 하고 겸손하게만 언행 할 것인 바, 세상에서 그를 알아봐 주는 사람 역시 드물 터였다.
나는 다시 화제를 약간 돌려 한 가지 더 물었다.
"선생님. 그럼 세상에서 이른바 훌륭한 인격을 갖춘 분들은 예부터 대부분 가난하게 살 수밖에 없는 것입니까?"
그가 잠시 나를 물끄러미 바라보더니 입을 열었다.
"훌륭한 인격을 지닌 것하고 돈을 버는 능력하고는 직접적 상관이 없는 것이네. 아니, 어쩌면 서로 반대되는 것이라고도 볼 수가 있지. 왜냐하면 사람이 세상만사의 이치를 깨닫고 인격이 높아지게 되면 그 마음 역시 선하고 어질고 깨끗하게 되어 부질없는 욕심을 부리거나 속된 짓거리를 못하게 되는 것일세. 또한 마음속에 나름의 확고한 소신과 양심이 생겨 남들과 쉬 어울리지도 못하고 타협도 못하고 거짓말도 못하고 남들에게 손해 갈 일도 못하고, 거기다 자존심까지 강해 남들 밑에 들어가 시키는 일마저도 할 수 없으니 결국 어렵게 살 수밖에 더 있겠는가?"
맞는 말이라는 생각이 들었다. 나는 공감하며 덧붙여 물었다.
"그럼 세상에서 성공하여 이른바 부귀영화를 얻고 잘 살 수 있는 비결 같은 것이 혹 있다면 알려 주십시오."
"누구든 세상의 부귀영화를 얻으려면 거기엔 반드시 그에 상응하는 재능과 노력과 행운이 함께 따라줘야만 가능한 것일세. 그 세 가지 중 어느 한 가지만 부족해도 이는 결코 얻기 어려운 것이네. 따라서 어차피 그런 것이 따라주지 아니하여 세속에서 큰 성취를 이루지 못할 바엔 아예 인격이라도 잘 수양하여 남들에게 폐 끼치지 않고 살 수 있다면 그 역시 차선은 되는 것 아니겠나."
"그럼 사람이 훌륭한 인격을 수양하려면 어찌해야 되는 것입니까?"
내 물음에 그가 다소 신중한 어투로 대답했다.
"끝없는 수련과 자기 성찰을 거듭해야만 하네."
"좀 더 자세히 일러 주십시오."
"인간이란 누구나 마음속에 자기 스스로의 편익만 추구하는 에고의식이 잠재해 있네. 불교의 유식설에서는 이를 말나식이라고 하는데, 이를테면 자신의 이익을 위해 남들에게 손해를 끼치는 행위 같은 것이 그런 것들이네. 따라서 사람은 이 에고의식을 자율적으로 다스릴 수 있는 경지에 올라야만 진정 훌륭한 인격을 갖췄다고 말할 수 있는 것일세."
"선생님. 그러나 인간의 탐심이나 이기심이란 일면 자연스런 본능일 수도 있지 않겠습니까?"

나의 반문에 그가 다시 대답했다.

"자네는 사람들이 배가 고프다하여 남의 것을 강제로 빼앗아 먹지 않고 참는 이유가 무엇인지 아는가? 그것은 바로 자신의 주린 배를 채우기 위해 남의 것을 빼앗아 먹고 나면 오히려 그 뒤에 따르는 양심의 가책이 배고픔의 고통을 참는 것 보다 훨씬 더 클 수 있다는 것을 잘 알기 때문일세. 따라서 사람이 올바르게 살려면 그릇된 짓을 하고 난 이후 그 가책으로 인한 고통이 얼마나 크다는 것을 자신의 말나식이 쉬 인식할 수 있도록 거듭 훈련을 시켜야 하는 것일세. 그래야 비로소 인간이 오직 동물적 본능에 따라 행동하게 되는 것을 스스로 억제하고 방지할 수 있는 것이네."

"그런데 사람에 따라서는 양심이 아예 부족하여 그릇된 짓을 하고도 가책을 별로 못 느끼는 사람들도 많지 않습니까?"

"바로 그 양심의 수준을 최대한 높이는 것이 앎이라는 것일세. 내가 자네에게 여러 번 강조했듯이 참된 지식이 밑받침되지 않은 상태에서 사람이 일시적으로 착한 것, 순진한 것이란 전혀 신뢰할 수 없는 것일세. 그런 것은 마치 어린 아이들의 순진함과도 같은 것이어서 나중에 나이 들고 세상물정을 알아갈수록 거의 사라져 버리고 마는 것일 뿐 아니라 상황에 따라서는 언제 어떻게 돌변할지 예측할 수 없는 것이네. 하지만 사람이 깊은 지식을 쌓음으로써 자기 나름의 질서의식과 윤리도덕의식이 형성되게 되면 언제 어떤 상황에서든 그런 동물적 본능을 스스로 자제할 수 있기에 양심에 어긋나는 행위는 못하게 되는 것일세. 그것이 바로 지식이 깊은 사람과 그렇지 않은 사람 간의 차이라 할 수 있네."

나는 '참된 앎을 바탕으로 인격을 수양하지 않은 사람은 전혀 믿지 말라'는 그의 거듭된 당부의 말을 다시 한번 마음 깊이 새겼다.
그가 자리를 털고 일어나며 말했다.
"기왕 올라온 김에 아예 산꼭대기까지 한 번 올라가 보고 내려가세."
나는 그를 따라 산봉을 향해 다시 걸음을 옮겼다.

하산
_ 정상에서 얻은 교훈

시간은 이미 정오를 지나 있었다.
나는 그를 좇아 길도 없는 산비탈을 걸어 오르려니 힘도 들었을 뿐 아니라 한낮 햇살이 너무 따가워 온 몸에 땀이 줄줄 흘러내렸다.
내가 마침 큰 나무 그늘 밑에 이르러 그에게 '잠시 좀 쉬었다 가자'고 하자 그는 걸음을 멈추더니 먼저 근처의 바위 위에 가서 걸터앉았다. 나 또한 얼른 그 옆으로 다가앉으며 땀을 훔치고 있자 그가 말했다.
"힘 드는가? 그러나 산이란 오를 땐 힘들지만 그 힘든 노정을 거쳐 막상 정상에 올라보면 나름 보람을 느낄 수 있고, 사방의 실상을 훤히 바로 볼 수도 있는 것일세. 그리고 이는 비단 등산에만 해당되는 것이 아니라 온갖 세상사에 있어 다 통용되는 이치일세."
나는 한참 동안 산비탈을 기어오르느라 무척 힘들었을 뿐 아니라 평소 등산을 별로 좋아하지 않았던 터라 그의 말을 시큰둥하게 되받았다.

"선생님. 하지만 사람들이 산꼭대기에서 평생 살 것도 아닌데 굳이 그처럼 기를 쓰고 산을 오를 필요는 또 뭐 있겠습니까?"

나의 다소 투정 섞인 물음에 그가 웃으며 대답했다.

"그러니 오르는 도중 이렇듯 시원한 나무그늘 밑에서 자주 쉬기도 하고 또한 주변 경치도 감상하면서 즐거운 마음으로 오르면 되는 것 아니겠는가?"

"어쨌거나 올랐다가 금방 내려올 것이라면 그 역시 결국 부질없는 짓 아닙니까?"

그가 대답했다.

"세상만물의 실상이란 가장 높은 꼭대기까지 올라가야 가장 잘 볼 수 있는 것일세. 자네, 지금 저 산 아래를 한 번 내려다보게. 저 도시의 수많은 사람들이 오가는 모습들을 가만히 바라보고 있노라면 마치 어디로 오가는지조차 모르고 오직 정신없이 기어 다니기에만 바쁜 개미떼들 모습을 바라보고 있는 것 같지 않는가? 그리고 저 성냥갑처럼 조그만 집들과 장난감 같은 자동차들과 미로처럼 얽히고 설킨 길들을 한 번 바라보게. 저것이 바로 우리가 살고 있는 세상의 실상이라네. 사람이 가끔 이렇듯 높은 데 올라보지 않고 일상에만 갇혀 지내서는 그런 실상을 제대로 보지도 못하고 느낄 수도 없는 것일세. 따라서 저런 세상만물의 실체를 보고 느끼고 깨달은 것만으로도 역시 정상에 오른 보람이 있는 것이며 또한 이내 정상에서 다시 내려 간다한들 별다른 아쉬움도 억울함도 안 생기는 것이네."

그는 은연중 내게 세상의 제반 이치에 대해 설명해 주고 있는 것 같았다.

내가 다시 물었다.

"그러나 세상 사람들 중에는 오직 산꼭대기에 오르는 것에만 집착할 뿐 오르는 과정에서의 그런 깊은 의미와 이치를 느끼거나 깨닫지 못하는 사람들도 많지 않습니까?"

"그런 사람들의 경우 등산 역시 그저 단순한 운동이나 경치감상 정도의 의미밖에 없을 터이지. 바로 그래서 사람은 언제 어디서 무슨 일을 하든 그 참된 의미와 이치를 늘 마음속으로 생각하고 공부해야 할 필요가 있는 것일세. 거듭 말하지만 세상엔 이른바 수행도장이 따로 있는 것이 아니네. 언제 어디서든 자신이 무언가 배우고 깨닫고자 한다면 처처(處處)가 모두 수행도량이 되는 것일세."

그의 말에 공감했다. 그와 나는 잠시 땀을 식힌 후 다시 산 정상을 향해 걸음을 재촉했다.

오르는 도중 내가 계속 힘든 기색을 보이며 뒤쳐지자 그는 걸음을 늦추며 다시 말했다.

"이보게. 다른 사람들과 함께 산을 오르다보면 그 중엔 다소 힘들지만 꾹 참고 부지런히 걸어 남들보다 앞서가는 사람도 있고, 남들과 비슷한 보조로 오르는 사람도 있고 또한 자네처럼 자꾸 힘들어하며 한참씩 뒤쳐지는 사람도 있네. 그리고 더러는 중도에 오르기를 포기하는 낙오자들도 있지. 이는 물론 저마다 타고난 체력 차이로 인해 비롯되는 현상이기도 하겠지만, 일면 인내심과 노력이 부족한 데서 기인하는 결과이기도 한 것이네. 예컨대 자네처럼 힘들다고 걷기를 게을리 하거나 도중에 자꾸 쉬어가려고 한다면 정상에는 그만큼 늦게 다다를 수밖에는 없는 것일세."
맞는 말이었다. 거기에 한 마디 덧붙인다면 자신이 게으름을 피울 경우 함께 가는 사람들에게조차 폐를 끼치고 짐이 될 수도 있을 터였다.
우리가 오른 곳은 근 백여 개에 가까운 황산 봉우리들 중 그래도 비교적 낮은 봉우리에 속한 곳이어서 그렇게 한 시간여를 더 걸어 오른 후에야 마침내 정상에 다다를 수 있었다.
하지만 막상 정상에 올라 아래를 내려다보니 맑은 날씨였음에도 불구하고 중간에 운무가 짙게 드리워져 산 아래 풍광을 제대로 감상할 수 없었다.
내가 다소 불만스런 표정을 지으며 그에게 말했다.
"선생님. 오늘은 괜한 헛고생을 한 것 같습니다. 지금껏 예까지 힘들게 올라왔건만 구름에 가려 아무것도 보이지 않으니 너무 아쉽고 허탈합니다."
그가 이내 대답했다.
"이보게. 무엇이 보이든 안 보이든 막상 정상에 이르고 나면 누구든 일면 성취감과 함께 그렇듯 아쉬움과 허탈감도 동시에 느끼게 되는 법일세. 그 역시 반드시 정상에 올라본 사람만이 느낄 수 있는 감정과 이치일 수 있는 것이고."
그의 말을 듣고 보니 정말 그런 듯 했다.
가사 정상에 올랐을 때 별로 볼거리도 없고, 그 등정이 큰 의미도 없는 일이라 할지언정 그래도 역시 평생을 산 밑에서만 맴돌며 사는 것보다는 훨씬 나은 일이 아닌가 싶었다. 특히 정상에 올라 본 사람들만이 느낄 수 있는 그 성취감과 허탈감이야말로 모든 인간 욕구의 극점이자 반환점이 아닌가 하는 생각이 들었다.
나는 다소 응석 섞인 말투로 웃으며 그의 말을 되받았다.
"선생님. 그럼 이제 저는 정상에 올라보았으니 그만 하산해도 되는 것입니까?"
내 말에 그 역시 입가에 웃음을 머금으며 짧게 대답했다.
"그래. 이제 그만 하산하시게."

회귀
_다시 원점으로

그와 산행을 마치고 암자로 되돌아온 저녁, 나는 이젠 이 황산에서 영영 하산해야겠다고 생각했다.
조금 감성적으로 말하자면 나는 오늘 하루 비록 잠시나마 산 정상까지 어렵사리 올라본 결과 어차피 인간이란 더 이상 오를 곳이 없다는 것을 그리고 결국 원점으로 회귀할 수밖엔 없다는 것을, 그리하여 또 다시 산 밑의 현실로 되돌아갈 수밖에 없다는 것을 깨달았기 때문이었다.
또한 나는 이제 비로소 어렴풋이나마 인간 세상의 제반 실상을 제대로 바라본 듯도 했고, 사람이 오르고 내려가는 그 길을 스스로 찾아 행보할 수 있을 것 같은 느낌도 들었기 때문이었다.

아무튼 나는 내 삶에 있어 적잖이 유익하고 보람 있었던 한 시기 소중한 심신의 여정을 이쯤에서 그만 마치기로 했다. 그리고 내일 아침 일찍 산을 내려가기로 마음먹었다.

물론 귀국시점까지는 약 이틀 정도의 여유가 있었지만, 귀국 전 상해(上海)지역을 중심으로 몇 군데 들러볼 곳이 있었던 것도 한 이유가 되었다.

나는 그에게 이 같은 뜻을 전하며 그동안의 호의와 가르침에 대해 진정 어린 감사의 뜻을 표했다. 그리고 기회가 되면 한국에 꼭 한 번 방문해 달라는 부탁과 함께 여비조로 준비해간 얼마의 금원을 내 놓았으나 그는 극구 사양하며 받지 않았다.

나는 막상 내일 아침이면 그와 영영 헤어져야 할지도 모른다는 생각을 하자 비록 짧은 기간 동안이었지만 그와 깊은 정이 들었던 탓이었는지 가슴 한편이 몹시 아려왔다.

그 역시 막상 내가 떠난다고 생각하니 무척 서운한 듯 한참동안 아무 말이 없었다.

나는 그에게 서울의 내 연락처를 적어주며 언젠가 꼭 한 번 방문해 달라는 당부를 했고, 그 역시 기회가 닿으면 그러겠노라 대답했다. 그리고 나는 가까운 시일 내에 꼭 한 번 더 그를 다시 찾아오리라 내심으로 다짐했다.

나는 그에게 인사를 건넨 후 내 방으로 건너왔다.

시계를 보니 밤 아홉시가 조금 지나 있었다.

나는 이곳에서 그와 함께 보낸 지난 며칠간의 시간과 나 자신의 모습을 가만히 되돌아봤다. 매우 보람 있었고 뜻 깊은 시간이었으며, 나는 마치 지난 며칠 동안 내 영혼의 키가 한 뼘쯤 훌쩍 자라 있는 듯 느껴졌다.

처음엔 그저 그의 바위 타 넘는 초능력 같은 것에 혹해서 이곳까지 따라 왔지만 그를 통해 배운 정신의 공부가 오히려 그런 육신의 초능력 같은 것을 배운 것보다 훨씬 더 가치 있고 유익한 것이라는 생각이 들었다.

나는 이제 그야말로 부질없는 삶의 의문 따위로 스스로를 괴롭히며 살지 않을 수도 있을 것만 같았다. 그리고 나는 일면 이곳에 처음 왔을 때의 내가 아닌 듯 느껴지기도 했다.

사람이란 공부하기에 따라서 또는 마음자세를 가지기에 따라서 불과 며칠 만에도 그 정신과 태도가 무척 새롭게 달라질 수 있다는 사실 또한 느꼈다.

자문자답
_ 나의 정체성

나는 한참동안 벽에 기대어 꼼짝 않고 앉아 있었다. 잠은 오지 않았고, 의식은 또렷하기만 했다. 방안의 어둠은 깊고 깊어 마치 눈을 감고 있는 듯 아무것도 볼 수 없었다.

나는 문득 그 캄캄한 어둠 속에서 나 자신의 존재를 다시 한번 찾아보고 싶었다.

나는 과연 무엇인지, 어떤 존재인지 스스로 한 번 더 돌아보고 싶었다. 그리고 이곳에 오기 전과는 새롭게 변한 듯한 현재 내 모습을 내 마음의 거울에 온전히 한 번 되비춰 보고 싶었다.

비록 그것이 단순한 관념의 유희에 불과할지라도 아니, 설령 다시는 연연하거나 집착하지 않겠다고 스스로에게 다짐한 부질없는 번뇌와 의문 같은 것일지라도 나는 그 절대의 무명(無明) 속에서 이제 마지막으로 한 번만 더 진정한 나 자신의 모습을 확인해보고 싶어졌다.

나는 내가 누구인가를 스스로에게 물어봤다.

그러자 언뜻 내 이름과 모습과 그리고 내가 살아 온 지난날의 기억 같은 것들이 머릿속에서 편편이 떠올랐다. 하지만 내 이름이, 모습이, 내 과거의 기억들이 나의 본질적 존재는 아닐 터였다.

나는 거기에 몇 가지를 덧붙여 봤다. 즉, 내가 어디에서 태어나 어느 학교를 졸업하고 어떤 일을 하며 살아 왔는지를 반추해봤다. 그러나 역시 그런 것들만 가지고 나라는 존재를 명확히 설명, 증명하기란 어려운 일이었다. 그런 것들이 합쳐진 것을 나라고 한다면 그야말로 세상엔 나와 같은 이력을 지닌 수많은 내가 존재할 터였다.

나는 다시 거기에 또 다른 몇 가지를 추가해봤다. 나는 과연 어떤 생각을 가진, 어떤 신체적 조건과 특징을 지닌 사람인가를 덧붙여봤다. 이를테면 인간 삶에 있어 보다 의미 있고 가치 있는 것이 무엇인가를 찾아 방황하는 170여cm의 키, 61kg의 체중, 거기에 해당하는 살과 뼈와 피, 머리카락, 손톱, 발톱을 지닌 스스로 사고하고 말하고 움직이는 생명체.
그것이 나인가?
하지만 그 모든 것들을 다 끌어 모아 덧붙여 봐도 그것들의 집합체를 나라고 인정하기에는 역시 무언가 크게 부족하고 가당치 않게 느껴졌다. 그럼 나는 무엇이란 말인가?
나는 이제 더 이상 끌어 모으고 덧붙여 볼 재료조차 없어져 버렸다. 결국 그러한 몇 가지의 사실과 기록들이 그나마 나라는 존재를 나타낼 수 있는 전부였기 때문이었다.
정녕 그렇다면 나는 대체 누구이며, 무엇이며, 어떤 존재란 말인가?
흔히들 의식이 깨이면서 찾아 나서게는 참된 자아라는 것, 그러나 끝내 빈손인 채 원점으로 되돌아 올 수밖에 없는 그 뻔한 정신적 방황과 편력의 여정, 그리고 모두들 한결같이 넋두리처럼 내뱉는 제행무상 제법무아의 논리, 수천 년 동안을 거기에서 단 한 발짝도 벗어나지 못하는 인간인식의 한계……
결국 나 역시 거기에서 진일보할 수 없는 것일까? 거기까지가 내 정신이 도달할 수 있는 최극점이고 반환점인 것일까? 오직 제행무상 제법무아라는 논리만이 모든 의문에 대한 대답이고 진리일 수 있는 것일까?
정녕 우주 속에는 만물도 없고 나라는 존재 역시 없는 것인가? 또한 나는 과연 그런 공허한 논리를 나 자신의 의문 앞에 유일한 해답이라고 떳떳이 내어놓을 수 있는 것인가?

이른바 일체가 없는 것이라면 바로 지금 이 순간, 현실에서 두 눈을 뻔히 뜬 채 실재해 있는 나라는 존재는 무엇이란 말인가? 이마저도 결국 하나의 허깨비에 지나지 않는단 말인가? 하지만 나는 현재 이렇듯 너무도 분명하게 살아서 나 자신의 존재가 무엇이며 또한 누구인지를 스스로에게 다그쳐 묻고 있지 않은가? 이런 엄연한 현실과 존재마저 부정하고 이런 당연한 생각과 의문조차 단지, 부질없고 허망한 상념이라고 일축해버릴 수 있을 것인가?

그래서? 그렇다면? 나는 과연 무엇이란 말인가?

맨 처음 나로부터 현재의 나에 이르기까지 나와의 연속성, 일체성을 지닌 것은 무엇인가? 이름, 고향, 생년월일, 부모님 성함, 그 외에 또 뭐가 있는가? 결국은 그 정도뿐이지 않는가? 그렇다면 과거의 나에 대한 그 몇 가지 기록이나 사실들 따위가 나의 본질적 존재와 무슨 큰 상관이 있단 말인가? 그것들 역시 결국 나를 찾기 위한 일종의 표식 같은 것에 지나지 않는 것 아니겠는가? 그럼 나를 찾는데 있어 보다 확실한 단서가 될 수 있는 또 다른 그 무엇은 없는 것인가?

나는 나의 현상적 존재가 어떠한 속성과 특징을 지니고 있는지를 잠시 더 생각해 봤다. 하지만 그 역시 어떤 고정화된 특징, 상징 같은 건 전혀 찾아낼 수 없었다. 다만, 한 가지 확실한 것은 바로 나의 현상적 존재란 매 순간 끊임없이 변화를 거듭하고 있다는 사실이었다. 시간이 지나고 환경이 바뀜에 따라 생각이 변하고 모습이 변하고 행동양식이 변하고, 심지어 세포와 머리카락 같은 것들까지 모두 새롭게 바뀌고 변한다는 사실이었다. 따라서 현재

나는 10년 전의 아니, 1년 전의 아니, 불과 며칠 전의 나와도 같을 수 없다는 사실이었다. 그리하여 결국 과거, 현재, 미래의 나는 완성된 나의 정형일 수 없다는 사실뿐이었다.

그렇다면 나는 결국 끊임없이 변화하는 그 무엇이란 말인가? 마치 하늘의 구름처럼 시시각각 변화하는 순간마다의 모든 형상들이 다 나란 말인가?

아니면 내가 더 이상의 변화를 멈추는 순간 즉, 내가 죽음의 상황에 다다른 그 마지막 모습이 진정한 나의 모습인가? 그도 아니라면 아예 죽은 뒤 땅속이나 불구덩이 속에 꼼짝 못하고 누워 있는 그 참담한 형상이 진정한 나의 실체란 말인가? 그러나 그 역시 불에 타고나면 재가 되고, 썩으면 흙이 되니 결국 또 다른 모습으로 변화하고 마는 것 아니겠는가?

그럼 최종적인 나의 모습은 결국 무엇인가? 한 줌 흙인가? 재인가? 또는 그것을 쓸어가는 물살인가? 바람인가? 그도 아니라면 나는 단지, 우주 속에 어떤 물리적 작용으로 인해 세상에 잠시 현현했다 사라지는 하나의 미립자 같은 존재인가? 인간의 육신이 결국 생로병사의 과정을 거쳐 한 줌 흙이 되고 재가 되고 마는 것이라면 지금 이렇듯 스스로의 존재의미에 대해 절실히 생각하고 있는 내 정신이란 또 무엇이며, 그 정신 역시 죽은 후엔 어찌되는 것인가?

대체 나는 누구이며, 나의 존재란 무엇이란 말인가?

나는 나의 존재가 설령 아무리 하찮은 것이라 할지라도 아니, 아예 아무것도 아닌 것이라 할지라도 최소한 그 아무것도 아닌 실체적 진실만큼은 똑바로 인식하고 싶은 것이다. 아무것도 아닌 것을 그 무엇인양 자꾸 억지로 명분을 만들어 붙이면서 자신을 속이려 하지 않고, 아무것도 아니면 아무것도 아닌 그대로 내 본연의 실체를 온전히 인정하고 수용하고 싶은 것이다. 그리고 나는 내 존재가 발 딛고 선 황량한 빈 터 위에 무언가 새로운 삶의 의미와 가치를 심고 가꾸어 보고 싶은 것이다. 아니, 그마저도 어렵다면 최소한 나 자신에게만큼은 내 존재의 실상에 대해 보다 솔직하고 정직하게 말해주며 살고 싶은 것이다. 그리하여 나는 나 자신과 시시때때 충돌하거나 다투지 아니하고 화해하고 싶은 것이다. 또한 나 자신을 툭하면 혐오하거나 경멸하지 아니하고, 나 자신과 온전히 한 몸이 되어 스스로를 아끼고 사랑하며 살고 싶은 것이다.

아무튼, 그래서, 그렇다면, 대체 나는 결국 무엇이란 말인가?
남들은 우주선을 만들어 타고 달나라, 별나라를 오가고 있는 지금 이 순간, 외진 산방에 홀로 앉아 고작 '나는 누구인가?' 하는 의문 따위나 캐고 있는 나는 무엇이란 말인가?
나는 오직 한심하고 시답잖은 존재일 따름인가? 아니면 더 없이 무지하고 철없기만 한 존재인가?
최소한 나에게 있어서는 나 자신의 실체를 찾는 일이 세상의 그 어떤 대단한 일들보다 더 절실하고 시급하고 중요한 일인 것이다.
내가 누구인지, 그리고 나의 존재의미가 무엇인지를 알아야 나 또한 우주선을 만들던 미사일을 만들던 다른 무슨 일을 추진하던 할 것 아니겠는가? 나의 존재 의미조차도 모르면서 그런 것들을 왜 만들어야 하는지, 달나라, 별나라에는 왜 가야 하는지 또는 내가 세상의 잡다한 일들에는 왜 참여해야 하는지 나 자신에게 어떻게 설명할 수 있으며, 무엇으로 그 당위성을 정립할 수 있겠는가? 설령 내가 내 존재의미를 알아서 아무 소용없는 일이라 할지라도 최소한 지구상에 한 인간으로 태어나 살아가고 있는 이상 나 자신이 무엇인지 정도는 당연히 알고 난 후 살아도 살고 죽어도 죽어야 할 것 아니겠는가?

또한 이른바 세상을 놀라게 하는 그 온갖 과학기술들이야 모두 이론적 근거와 해답이라도 있는 것이라지만 인간의 존재의미를 찾는 일에 있어서만큼 그 어디에서도 명확한 답을 찾을 수가 없는 것 아니겠는가?

이는 결국 세상 모든 사람들이 이미 그것을 다 잘 알고 있어 아예 그에 관해 더 말할 필요가 없는 때문이 아니라면 세상 누구도 그에 대해 제대로 알고 있는 이가 단 한 명도 없다는 얘기 아니겠는가?

정녕 그렇다면 남들이 전혀 못 찾는 걸 찾기 위해서라도 또는 남들이 이미 다 알고 있는 걸 알기 위해서라도 나는 더더욱 나의 존재 의미를 찾아야만 하는 것 아니겠는가?

하지만 언제나 그랬듯이 나는 결국 이쯤에서 내 모든 의문과 사념을 또 다시 접어야만 했다. 여기까지가 내 정신의 한계점이었다. 즉, 나는 끝내 나 자신의 존재의미에 대해 무어라 명확하게 결론을 낼만한 자신이 없었기 때문이었다.

따라서 나는 남들이 깨닫지 못한 것을 깨닫기에는 아직 내 인식의 능력이 턱없이 부족함을 느껴야만 했고, 남들이 이미 걸어간 길을 따라가기에는 내 이성적 자존심, 지적 자부심이 그것을 쉬 허락지 않고 있음을 새삼 절감해야만 했다.

다만, 내가 지금까지 나의 실체적 존재에 대해 나름대로 생각한 것을 정리한다면, 나는 결국 완성된 그 무엇도 또는 고정된 그 무엇도 아닌, 오직 매 순간 끊임없이 변화를 거듭해 가는 하나의 단순한 동물적 존재라는 것뿐이었다. 나는 단지, 무한한 우주 내의 지구라는 조그만 행성에서 자연발생적으로 태어나 현재의 모습으로 진화해온 생물학적 분류에 의한 인간의 일원일 뿐이라는 것이었다. 따라서 나는 결국 다소의 사고능력을 지닌 영장목(靈長目) 사람과(科) 포유류의 한 동물이라는 것뿐이었다. 때로는 내가 누구인지를 스스로 따져 물을 줄 아는. (大尾)

에필로그

이것은 무엇이고 저것은 무엇인가?
무엇은 무엇이며 그 무엇은 또 무엇인가?
존재의 본질과 궁극을 향해 끝없이 이어지는 회의(懷疑).
결코 이를 수 없는 무한의 극(極)일지니
물음은 속절없고 대답은 궁색하다.
무엇이 무엇이라한들 정녕 무엇하겠는가?
미친 세월은 이미 60고개를 넘고 있는데
진여(眞如)의 바다, 화엄(華嚴)의 세계는 멀기만 하고
삼라(森羅)는 오리무중, 눈앞은 아직 캄캄하기만 한데.

2025년　정초　지은이

삶의 자세와 방법에 대한 담론
허상과 실상에 관하여

초판 1쇄   2025년 3월 10일

지 은 이   김 문 경
펴 낸 이   최   진

펴 낸 곳   청담서원
출판등록   제 2018-000079호
주   소   (06043) 서울시 강남구 봉은사로24길 9 대암빌딩 3층
전자우편   cdswbooks@naver.com
대표전화   02-548-9282

ISBN 979-11-965397-6-4(01390)

* 이 책의 저작권 및 출판권은 청담서원에 있습니다.